# AI 커버 음악

AI문고

인공지능 시대입니다. 기계가 인간의 인지를 대신하고, 사물이 인간을 통하지 않고 다른 사물과 직접 커뮤니케이션합니다. 이에 따른 인간 삶과 문명 변화를 정확히 이해·예측·대응하는 것은 이 시대 우리 모두의 과제입니다. AI문고는 인공지능 기술과 환경의 여러 주제를 10가지 키워드로 정리합니다. 관련 개념과 이론, 학계와 산업계의 쟁점, 우리 일상의 변화를 다룹니다. 인간과 기술의 현재, 미래를 세심히 분석합니다.

일러두기

- 인명, 작품명, 저서명, 개념어 등은 한글과 함께 괄호 안에 해당 국가의 원어를 병기했습니다.
- 외래어 표기는 현행 어문규정의 외래어표기법을 따랐습니다. 다만 '소울' 등은 관행을 따랐습니다.

처음이세요?

전문가세요?

# AI 커버 음악

김선영·김기창·백지연

대한민국, 서울, 커뮤니케이션북스, 2025

AI 커버 음악

지은이 김선영·김기창·백지연
펴낸이 박영률

초판 1쇄 펴낸날 2025년 9월 30일

커뮤니케이션북스(주)
출판 등록 2007년 8월 17일 제313-2007-000166호
02880 서울시 성북구 성북로 5-11
전화(02) 7474 001, 팩스(02) 736 5047
commbooks@commbooks.com
www.commbooks.com



ISBN 979-11-430-0810-7 03500

책값은 뒤표지에 표시되어 있습니다.

# 차례

# AI가 바꾸는 커버 음악 생태계

강렬한 보컬의 가수 임재범의 목소리로 소프트하기 그지없는 아이유의 〈좋은 날〉을 들을 수 있는 시대다. 비비의 노래 〈밤양갱〉은 오혁, 아이유, 샤이니 온유, 헤이즈, 10cm 권정열, 송가인, 박명수, 지드래곤 등 다양한 유명인의 목소리로 커버된다. 국적과 언어의 장벽도 무의미하다. 미국의 팝 가수 브루노 마스(Bruno Mars)의 목소리로 K-팝 걸그룹 뉴진스의 〈하입 보이(Hype Boy)〉를 들을 수 있다. AI 커버 덕분이다.

## AI 커버 음악의 부상

'커버(cover)'라는 단어는 본래 '덮다', '감싸다'라는 뜻이다. 하지만 오늘날 대중문화에서 커버(cover)는 특정 가수의 노래를 부르거나 퍼포먼스 또는 댄스를 모방하는 행위를 가리킨다(Magnus, 2022). 일종의 팬 코스프레(costume play)다.

커버 음악(또는 커버 곡)은 이미 녹음된 음반을 새롭게 연주하거나 표현(녹음 또는 공연)하는 경우를 일컫는다(Randel, 2003). 원곡 가수가 아닌 다른 아티스트에 의해 연주되는 커버 음악은 기존의 음원과는 다르게 새로운 연주자에 의해 개별적 해석이 더해져 독특한 버전으로 완성된다. 커버 음악의 유래에 대해서는 다양한 견해가 있다. 그러나 20세기 초반 미국에서 백인 청중에게 판매하려는 목적으로 흑인들의 곡을 재녹음한 데서 생겨났다는 데 무게가 실린다(Sjøvaag, 2012). 반면, 1950년 전에도 커버 음악은 있었고, 1950년대 미국 대중음악 시장에서 흑인 아티스트의 곡을 상업적 성공을 위해서 백인 아티스트가 새롭게 재해석해 발표하는 사례가 빈번했다는 입장도 있다(Ortega, 2024).

AI 커버 음악은 생성형 인공지능의 음성 합성(speech synthesis) 기술을 이용해 만든다. 인공지능에게 특정 가수의 음성을 학습시킨 후, 해당 가수의 목소리로 다른 노래를 생성한다. AI는 원작자의 음색과 표현 방식을 학습하여 원곡의 멜로디, 화성, 리듬 등의 기본 구조는 유지하면서도 사람의 직접적 연주 없이도 새로운 버전을 만들어 낸다(김현덕, 2023; 최재서 · 민영, 2024).

AI 커버 음악의 제작 과정은 기본적으로 세 단계로 이루어진다. 음원에서 목소리와 배경음악을 분리하고, 딥러닝 기술을 사용해 특정 가수의 목소리 특성을 학습한

후, 학습된 목소리 모델을 원본 노래의 멜로디와 리듬에 맞춰 합성한다(신현삼 · 홍준기, 2023; 연주리, 2023). 이를 좀 더 자세히 보면 5단계로 나누어 설명할 수 있다. 1단계에서는 다양한 음성 데이터를 수집하여 AI 모델이 학습할 수 있도록 준비한다. 2단계는 생성형 AI 모델에 음성 데이터를 입력하여 음성의 특징과 패턴을 학습시킨다. 3단계는 학습된 모델을 사용하여 선택한 곡의 가사를 특정 가수의 목소리로 합성하고, 필요한 경우 음성 변환 기술을 사용하여 음성의 톤, 피치 등을 조절한다. 4단계는 리버브(reverb), 에코(echo) 등 필요한 음향 효과를 추가한다. 마지막 5단계에서는 최종 믹싱된 파일을 WAV, MP3 등 오디오 파일로 출력한다(리단양 · 김선영, 2025).

AI 커버 음악은 얼핏 기존 커버 음악과 유사한 듯 보이기도 하지만 근본적으로 차이가 있다. 커버 음악은 인간 아티스트가 부르지만, AI 커버 음악은 말 그대로 AI가 만들어 낸다는 건 물론이겠거니와 보다 근본적인 차이는 추구하는 가치 혹은 수용자의 태도에 있다. 기존 커버 음악은 독창적 해석을 중요하게 여긴다. 원곡과 새로운 버전 간의 비교 및 문화적 맥락에서의 의미 부여가 핵심이다. 반면, AI 커버 음악은 기존 곡을 다른 아티스트의 목소리로 복제하여 원곡과는 다른 감각의 음악적 경험을 제공하는 그 자체가 중요하다(리단양 · 김선영, 2025). 즉 특정 아티스트의 음성 데이터를 기반으로 새로운 노래를 제작하는 데서 오는, 원곡의 감정적 맥락을 초월하는 새로운 형태의 만족감을 추구한다.

AI 커버 음악이 대중의 주목을 받기 시작한 것은 비교적 최근의 일이다. 하지만 그 확산 속도는 놀라울 정도로 빠르다. 앞서 언급한 브루노 마스가 부른 뉴진스의 〈하입 보이〉는 공개한 지 불과 한 달 만에 126만 회 이상의 조회 수를 기록했다(김태언, 2023). 2024년에 공개되어 빅뱅을 '강제 컴백'하게 만든 AI 빅뱅의 〈너에게로(To You)〉는 1년도 채 안 된 2025년 현재 374만 회를 넘어섰다.

AI 커버 음악은 전문적인 음악 제작 지식이나 고가의 장비 없이도 일반인 누구나 쉽게 만들 수 있다. 가령 'RVC(Retrieval-based Voice Conversion) AI 보컬'을 활용하면 불과 5분 만에 AI 커버 음악이 만들어진다(Anshulsharma, 2025). 무료로 이용할 수 있다는 점도 매력적이다. 팝콘 AI(Popcon AI), 커버 AI(Covers AI), 뮤직파이(Musicfy), 웨이츠(Weights), 보이스마이ai(Voicmyai), 파인셰어 시그니파이(Fineshare Singify) 등의 해외 플랫폼은 물론 '소리소리AI' 같은 국내 플랫폼도 무료로 서비스된다.

이러한 접근성의 향상은 더 많은 사람들이 음악 창작에 참여할 수 있는 기회를 제공하고 있다. R&B 싱어송라이터 딘(Dean)의 팬들은 'AI 딘'을 통해 뉴진스의 노래를 커버한 영상을 만들어 공유했는데 불과 2주 만에 120만 뷰를 기록할 정도로 폭발적인 인기를 끌었다(이주영, 2023). 인도네시아에서는 전 대통령 조코 위도도(Joko Widodo)의 목소리를 활용해 제작된 AI 커버 음악이 유튜브에서 380만 회 이상의 조회 수를 기록했다. 스페인에서는 애니메이션 캐릭터 '호머 심슨'의 목소리로 부른 〈La Gata Bajo La Lluvia〉 커버 영상이 260만 회를 넘기며 큰 인기를 끌었다.

AI 커버 음악이 대중화되면서 '음색 맛집형', '웃음 유발형', '세계관 대통합형', '이게 되네형' 등 다양한 유형의 AI 커버 콘텐츠가 등장하고 있다(NEWNEEK, 2024).

'음색 맛집형'은 말 그대로 음색이 좋기로 유명한 가수들의 목소리를 활용한 경우다. 아이유, 박효신을 비롯해 15&의 멤버였던 백예린, 인디밴드 혁오의 보컬인 오혁 등의 목소리가 요즘 인기다. 좋아하는 가수가 더 많은 노래를 불러 줬으면 하는 팬들의 소망이 담겨 있다고 해석된다. '웃음 유발형'은 노래와는 전혀 어울리지 않을 것 같은 사람의 목소리를 활용해 웃음을 자아내는 콘텐츠다. 북한의 김정은 위원장이 싱어송라이터 백예린의 노래 〈밤양갱〉을 부르는 영상(평양갱)이나 개그맨 박명수가 뉴진스의 노래를 부르는 영상을 보면 절로 웃음이 나온다. '세계관 대통합형'은 서로 다른 문화적 세계를 결합한다. 짱구나 보노보노 같은 애니메이션(혹은 만화)에 등장하는 캐릭터의 목소리를 유행곡에 입히거나, 거꾸로 가수들의 목소리를 애니메이션 주제곡에 입히기도 한다. '이게 되네형'은 고인이 된 가수나 한국어를 하지 못하는 해외 가수의 목소리를 활용해 현실에서는 불가능한 커버를 만드는 유형이다.

## AI 커버 음악에 의한 창작과 소비의 새로운 풍경들

AI 커버 음악의 등장은 음악 창작과 소비에 많은 변화를 가져다주고 있다. 먼저 창작에서의 변화를 살펴보자. AI 커버 음악은 여러 논란에도 불구하고 음악적 표현의 새로운 가능성을 열어 주는 것은 분명해 보인다. 서로 다른 장르, 문화, 시대의 음악이 만나 새로운 형태의 음악을 탄생시키는 과정에서, 예상치 못한 창의적 결과물이 나올 수 있다. 예를 들어, K-팝을 서양의 R&B 아티스트의 목소리로 재해석하거나, 클래식 음악을 현대 팝 스타의 목소리로 재구성하는 등 무궁무진한 실험이 가능해진다.

AI 커버 음악은 음악 감상의 개인화와 맞춤화를 더욱 가속화할 것으로 보인다. 이제 음악 팬들은 단순히 아티스트가 발매한 공식 음원을 듣는 수동적 감상자가 아니다. 자신이 원하는 아티스트의 목소리로 다양한 노래를 들을 수 있는 선택권을 가지게 된 것이다.

AI 커버 음악은 팬덤도 변화시키고 있다. 무엇보다 팬들의 '프로슈머(prosumer)화'를 촉진한다. 오랫동안 활동이 없었던 가수 딘의 팬들이 그의 목소리를 다시 들을 수 있게 된 것은 오롯이 팬덤이 만든 AI 커버 음악 덕분이다. 이러한 팬 주도의 콘텐츠 창작은 '프로슈머' 팬덤 문화뿐 아니라 아티스트와 팬 사이의 관계를 재정의하는 기제가 될 것으로 전망된다.

AI 커버 음악은 서로 다른 팬덤 간의 교차 홍보에도 유용하다. 브루노 마스의 팬들은 그의 목소리로 부른 뉴진스의 〈하입 보이〉를 통해 K-pop에 관심을 가지게 되고, 반대로 뉴진스의 팬들은 브루노 마스의 음악에 흥미를 가지게 될 수 있다.

영국의 전설적인 록밴드 퀸(Queen)의 보컬리스트 프레디 머큐리(Freddie Mercury)나 미국의 유명 래퍼이자 프로듀서인 카녜이 웨스트[현 예(Ye)]가 한국 노래를 부르는 AI 커버는 서로 다른 문화적 배경을 가진 음악이 만나 새로운 문화적 대화를 창출하는 사례다.

AI 커버 음악은 음악의 보존과 재해석에도 중요한 역할을 할 것으로 기대된다. 고인이 된 아티스트의 음악적 유산은 이제 AI 기술을 통해 새로운 세대에게 소개·계승된다. 예를 들어, 1990년대를 풍미했던 포크 싱어송라이터, 김광석의 목소리로 만든 〈보고 싶다〉나 〈스물다섯, 스물하나〉와 같은 AI 커버는 그의 독특한 음색과 감성을 새로운 세대에게 그들의 방식으로 전달한다.

언어적 장벽 극복의 측면에서도 AI 커버 음악은 의미가 있다. 하이브(HYBE)가 제작한 미드낫(MIDNATT)의 싱글앨범 머스커레이드(Masquerade)는 AI를 활용해 한국어, 영어, 일본어, 중국어, 스페인어, 베트남어 등 6개 언어로 동시에 발매되었다(Stassen, 2023). 하이브는 원어민 발음 데이터를 적용해 언어별로 자연스러운 발음과 억양을 구현하는 데 심혈을 기울였다고 한다. 언어적 장벽이 높다고 알려진 한국어 노래의 경우, AI 기술은 특히 유용하다.

AI 커버 음악의 등장은 음악 교육과 학습에도 새로운 바람을 불러올 것으로 보인다. 음악을 배우는 학생들은 AI 기술을 활용하여 다양한 보컬 스타일과 기법을 분석하고 학습함으로써 자신의 음악 세계를 넓힐 수 있다. 교육자들 역시 보컬 테크닉, 화음, 편곡 등을 가르치는 데 AI 기술을 활용할 수 있다. 예를 들어, AI를 활용하여 동일한 멜로디를 다양한 스타일로 부른 예시를 만들어 학생들에게 보여 줄 수 있다. 음악 연구자들도 보컬 테크닉, 하모니, 편곡을 더 심도 있게 연구하고, 다양한 음악 장르의 보컬 연주에 대한 보다 상세한 분석이 가능하다.

이 책은 팬 문화를 비롯해 음악 산업 전반에 커다란 변화를 불러오고 있는 AI 커버 음악의 현상과 흐름을 독자들이 종합적으로 이해할 수 있도록 엮었다. 이를 위해 먼저, 현대 팝을 노래하는 고인이 된 전설들의 사례(1장)와 우타우를 중심으로 한 AI 커버 음악의 기원(2장), AI 커버 기술에 의한 음악의 민주화(3장)를 살펴볼 것이다. 이어지는 장에서는 AI 커버 음악과 일반 커버 음악에 대한 수용의 차이(4장), 버클리 음대의 AI 커버 음악 정규 커리큘럼 도입(5장)을 조명해 본다.

후반부에서 독자들은 AI 저작권 관련 이슈와 미래 전망을 만날 수 있다. AI 커버 음악과 라이선스 이슈(6장),

AI 커버 음악의 투명성 확보를 위한 구글 딥마인드의 사례(7장), 드레이크와 더 위켄드의 AI 듀엣 사례를 중심으로 한 음악 저작권과 법적 분쟁 문제(8장)를 통해 독자들은 생성형 AI가 가져온 저작권 문제를 통찰할 수 있을 것이다. 9장에서는 그라임스와 오픈AI의 사례를 통해 저작권 공유의 가능성과 대안을 모색해 보고, 마지막으로 AI 커버 음악가 가져올 미래의 문화적 전환(10장)을 독자들과 함께 전망해 보고자 했다.

AI에 의한 파괴적 혁신(distruptive revolution)은 커버 음악, 나아가 음악 산업에서도 예외는 아니다. 도둑처럼 급작스럽게 우리에게 다가온 AI 커버 음악에 대한 탐구는 이제 시작일 터다. 때론 너무 빨라서 어지러울 수도 있고, 때론 쉽게 판단하기 어려워 곤혹스러울 수도 있는 탐구의 여정을 독자들과 함께 할 수 있다는 그 자체가 저자들은 기쁘고 감사할 따름이다.

### 참고문헌


공민식·성정환(2023). “스펙트럼 도식화를 통한 인공지능 커버 음악 서비스 분석”. 《한국게임학회 논문지》, 75~84쪽.

김태언(2023.5.26). “머큐리가 부른 ‘서른 즈음에’… AI커버곡, 저작권 논란 불지펴”. 동아일보. https://www.donga.com/news/Culture/article/all/2023052

6/119487860/1
김현덕(2023.11.10). “빅뱅, 신곡 ‘너에게로’로 강제 컴백… 유튜버가 AI로 곡 만들어 발표”. 네이트뉴스. https://news.nate.com/view/20231110n25062?mid=e1200
리단양·김선영(2025). “혁신 확산 이론에 기반한 K-POP 팬의 AI 커버 곡 선택 양상에 관한 연구”. 《미래사회》, 133~153쪽.
신현삼·홍준기(2023). “음성 특징 필터를 이용한 딥러닝 기반 음성 감정 인식 기술”. 《한국빅데이터학회 학회지》, 223~231쪽.
연주리(2023). “AI 커버 음악 만드는 방법”. AI서비스 파헤치기. https://brunch.co.kr/@herbeauty/64
이성현·한경훈(2024). “AI 커버곡의 공정 이용에 관한 연구”. 《디지털콘텐츠학회논문지》, 3821~3835쪽.
이주영(2023.7.27). “가수 딘의 ‘뉴진스’… 음성 복제로 만든 ‘AI 커버’ 유행”. AI 타임스. https://www.aitimes.com/news/articleView.html?idxno=152649
정원준(2023). “AI 커버곡 사례를 통해 본 생성형 AI의 법률 문제”. 《산업재산권》, 455~494쪽.
최재서·민영(2024). “생성형 AI 콘텐츠 수용 및 거부 의도에 영향을 미치는 요인 연구: AI 커버 음악을 중심으로”. 《방송통신연구》, 153~186쪽.
한국저작권보호원(2024). “AI 커버곡과 저작권 침해”. 《C STORY》, 44. https://www.kcopa.or.kr/lay1/bbs/S1T233C496/A/88/view.do?article_seq=5718
Newneek(2024). “띵동! ‘AI 노래 커버’ 피자가 도착했습니다!”. https://newneek.co/@pizzastation/article/8005
Sorisori(2025). “MAKE IT STAND OUT. 소리소리AI를 이용해 원하는 목소리로 음악을 재창조 하세요”.

https://www.sorisori.ai/aicover

Anshulsharma(2025). Demo of AI song covers using RVC (Retrieval-based Voice Conversion). https://anshulsharma.in/posts/ai-song-covers-using-rvc/

Blagova, E. A.(2018). Cover songs in modern culture: A live cover concert as a musicological phenomenon. Master's thesis.

Magnus, P. D.(2022). *A philosophy of cover songs.* Open Book Publishers.

Ortega, J. L.(2024). The racial origins of Rock & Roll: Network analysis of cover songs in the 1950s United States.

Randel, D. M.(ed.)(2003). *The Harvard dictionary of music.* Harvard University Press.

Sjøvaag, A. J.(2012). Uncovering the cover: Reading authenticity and subjectivity in cover songs. Master's thesis.

Stassen, M.(2023). HYBE just released a K-pop track sung in six different languages using AI voice technology. Music Business Worldwide. https://www.musicbusinessworldwide.com/hybe-just-released-a-k-pop-track-sung-in-six-different-languages-using-ai-voice-technology/

The Dong-A Ilbo(2023.5.26). AI cover songs face controversy over copyright. https://www.donga.com/en/article/all/20230526/4181392/1

## 01
## 현대 팝을 노래하는 고인이 된 전설들

고인이 된 전설적 뮤지션들의 목소리가 AI를 통해 되살아나고 있다. '엘비스 에볼루션' 프로젝트와 '로스트 테이프 오브 더 27 클럽'과 같은 시도는 엘비스 프레슬리, 에이미 와인하우스 등의 음성을 현대 음악에 적용하며 새로운 경험을 제공한다. 그럼에도 AI 기술을 활용한 고인 아티스트의 현대 팝 커버 프로젝트는 예술적 유산의 존중과 윤리적 사용에 대한 질문을 제기한다.

AI와 1인 창업?

## AI가 부활시킨 전설적 음성들

생성형 AI 음성 기술은 특정 가수의 목소리를 학습하고 분석하여 음색, 음역, 표현 방식, 발음 등 다양한 특징을 파악한 후, 이를 바탕으로 새로운 노래를 부를 수 있도록 해 준다. 여기서 우리가 눈여겨보아야 할 현상 중 하나는 AI 커버 음악에 의한 고인이 된 아티스트의 부활이다(Pena-Caceres et al., 2023).

가장 주목할 만한 프로젝트로 2025년 11월로 예정된 '엘비스 에볼루션(Elvis Evolution)'을 꼽을 수 있다. 이 콘서트는 AI와 프로젝션 기술(3차원 영상을 공간에 투사하는 기술)을 활용하여 엘비스 프레슬리(Elvis Presley)를 디지털로 부활시킬 예정이다. 1977년 42세라는 젊은 나이에 세상을 떠난 엘비스 프레슬리는 생전에 33개의 영화에 출연하고 그래미상을 3번이나 수상했으며, 전 세계적으로 10억 장 이상의 음반이 판매된 '영원한 로큰롤의 제왕'이다.

영국의 몰입형 엔터테인먼트 회사인 레이어드 리얼리티(Layered Reality)는 이 콘서트를 위해 수천 장의 사진과 영상을 토대로 '디지털 엘비스 프레슬리'를 만들고 있는 것으로 알려졌다(Rufo, 2024). 이 회사의 최고경영자(CEO) 앤드루 맥기니스는 "엘비스 프레슬리라는 '전설'

을 향한 차세대의 헌사"라며, "전 세계 엘비스 팬에게 버킷리스트가 될 것"이라고 장담했다. 2022년 있었던 '아바 보이지(ABBA Voyage)' 프로젝트는 40년 전 은퇴한 아바(ABBA)의 전성기 모습을 재현해 누적 관객 수 100만 명을 넘긴 바 있다. 엘비스가 아바의 성공을 훌쩍 뛰어넘을 수 있을지 지켜볼 일이다(Spurway, 2023).

이런 프로젝트는 2021년에도 있었다. 만 27세에 세상을 떠난 유명 뮤지션들을 모아 AI를 통해 새롭게 구현하는 '로스트 테이프 오브 더 27 클럽(Lost Tapes of the 27 Club)' 프로젝트였다. 1960년대를 풍미했던 기타의 혁명가이자 록 가수인 지미 헨드릭스(Jimi Hendrix), 1990년대 그런지 록 밴드 너바나의 리더였던 커트 코베인(Kurt Cobain), 21세기 최고의 R&B 및 소울(soul) 보컬로 평가받는 에이미 와인하우스(Amy Winehouse), 록 밴드 도어스의 리드 보컬 짐 모리슨(Jim Morrison) 등이 소환되었다. 각 아티스트의 노래 30곡을 분석해 이를 토대로 리프(짧고 반복적인 음악 패턴)와 멜로디를 만들고, 인공신경망을 통해 가사를 작성했다(Marr, 2011). 이때 활용된 AI 프로그램이 유명한 구글의 '마젠타(Magenta)'였다.

재미있는 건 이 프로젝트를 주도했던 사람 중 하나인

션 오코너(Sean O'Connor)의 투덜거림이다. 그는 "AI가 완성한 리프 중 90%가 아주 형편없어서 쓸 만한 걸 찾느라 애를 먹었다"라고 털어놓았다. 그러면서 그는 "많은 사람이 언젠가 AI가 음악가를 대체할 거라고 이야기하지만, 이 시점에서 들을 수 있을 만한 수준의 노래를 만드는 데는 정말 많은 사람의 노동력이 필요하다"라고도 했다(Bonifacic, 2021). 그럼에도 이런 종류의 프로젝트는 앞으로도 지속될 전망이다.

중국 바이두(Baidu)의 어니(ERNIE) 시리즈도 빼놓을 수 없다. 바이두는 최근 자체 개발한 생성형 AI인 어니 봇(ERNIE Bot)에 사용자들이 자신의 목소리를 본뜬 AI 음성 비서를 만들 수 있는 기능을 추가했다(Kemper, 2023). 이 기능을 사용하면 시스템이 제공한 문장을 읽기만 해도 2초 내에 목소리 특징을 포착해 음성 비서를 생성할 수 있다. 물론 고인이 된 아티스트의 목소리를 정교하게 재현하는 것도 가능하다.

AI 음성 합성 기술은 기본적으로 세 단계로 작동한다. 우선 음성 인식 단계로 인간의 목소리를 음향 신호로 변환해 음소(말소리의 가장 작은 단위), 음절, 단어 단위로 분류한다. 다음은 음성 변환 단계로 인식된 음성 정보를 목표 목소리에 맞춰 변환한다. 마지막으로 변환된 음성 정보를 기반으로 새로운 음향 신호를 생성한다. 이 과정에는 구글 딥마인드가 개발한 음성 합성 기술인 웨이브넷(WaveNet)과 파라미터 기반 음성 합성 기술이 사용된다.

음원에서 목소리와 배경음악을 분리하는 과정에서는 '역위상(out of phase)' 기술이 활용된다. 배경음악이 가지는 특정한 주파수와 반대되는 주파수를 입혀서 소리를 소거하는 방식이다. 배경음악이나 코러스 등의 주파수가 가수 목소리의 주파수와 유사한 경우에는 '딥러닝' 기술이 사용된다. 인공지능에 사람의 목소리를 학습시켜 다양한 악기 소리가 섞인 배경음악에서 사람의 목소리만을 추출할 수 있게 하는 것이다.

## 향수와 윤리 사이: 팬 반응과 문화적 영향

다시 본 주제로 돌아가 보자. AI 기술을 통해 고인이 된 아티스트의 목소리로 현대 팝 음악을 접할 수 있게 된 팬들의 마음은 복잡하다. 한편으로는 더 이상 들을 수 없다고 생각했던 목소리를 다시 듣게 되는 감동이 있고, 다른 한편으로는 고인의 의사와 무관하게 그들의 목소리가 사용되는 것에 대한 왠지 모를 불편함과 윤리적 질문이 똬리를 튼다.

엘비스 프레슬리 같은 경우, 그의 음악을 경험해 보지 못한 젊은 세대들에게 그의 목소리와 퍼포먼스를 소개하는 새로운 창구가 될 수 있다. 실제로 '엘비스 에볼루션' 프로젝트는 디지털 네이티브 세대에게 엘비스의 음악적 유산을 전달하는 것을 주요 명분으로 내걸고 있다. 에이미 와인하우스의 경우도 다르지 않다. 2011년 27세라는 젊은 나이에 세상을 떠난 에이미는 짧은 활동 기간에도 불구하고 독특한 음색과 재즈, 소울, R&B를 결합한 음악 스타일로 전 세계 음악 팬들의 사랑을 받았다. 2008년 그래미 시상식에서는 '올해의 레코드', '올해의 노래' 등을 포함해 5관왕에 오르기도 했다(Eyesoremerch, 2024). 에이미 와인하우스의 목소리로 현대 팝 음악을 듣는 것은 그녀의 음악적 여정이 계속되는 듯한 환상을 제공한다.

그러나 이러한 정서적 공감의 이면에는 "고인이 된 아티스트가 자신의 목소리가 이런 방식으로 사용되는 것을 원했을까?"라는 질문을 피해 갈 수 없다. 생전에 특정한 음악적 정체성과 방향성을 가지고 있었던 아티스트들이 자신의 스타일과 전혀 다른 현대 팝 음악을 AI를 통해 '부르게' 되는 것은 분명 그들의 예술적 의도와 충돌할 수 있다.

## 법적 쟁점과 예술적 유산의 존중

보다 현실적으로 AI 기술을 활용한 고인 아티스트의 현대 팝 커버 프로젝트는 저작권과 인격권 침해 등 다양한 법적 쟁점을 내포한다. 더욱이 이러한 프로젝트가 아티스트의 유족이나 재단과의 협력 없이 진행될 경우 문제가 심각해질 수 있다.

다행히도 에이미 와인하우스의 경우는 그녀의 사망 이후 가족들이 '에이미 와인하우스 재단(The Amy Winehouse Foundation)'을 설립하여 그녀의 유산을 관리하고 있다(Savage, 2016). 2020년 엠넷(Mnet)에서 진행한 'AI 음악 프로젝트, 다시 한번'도 마찬가지다. 이 프로젝트는 고인이 된 거북이의 김성태와 1980~1990년대를 풍미했던 포크 가수 김현식의 목소리를 인공지능으로 구현해 새로운 노래를 부르게 했다. 이때도 유족들의 동의와 음원 저작권에 대한 복잡한 협의를 거쳐 진행되었다(Lim, 2020).

그럼에도 AI 기술을 활용한 고인 아티스트의 현대 팝 커버 프로젝트는 예술적 유산의 존중과 윤리적 사용에 대한 중요한 질문을 제기한다. 무엇보다 이러한 프로젝트가 고인이 된 아티스트의 예술적 유산을 존중하고 기념하는 방향으로 발전해 나갈 수 있을지에 대한 성찰이 필요하다.

## 참고문헌

Amy Winehouse Foundation(2011). Amy in the studio with Tony Bennett. https://amywinehousefoundation.org/2011/11/15/watch-amy-in-the-studio-with-tony-bennett/

Bonifacic, I.(2021). 'Lost Tapes of the 27 Club' used Google AI to 'write' a new Nirvana song. Engadget. https://www.engadget.com/over-the-bridge-lost-tapes-of-the-27-club-223000315.html

Eyesoremerch(2024). Amy Winehouse: The soulful legacy of a modern jazz icon. https://eyesoremerch.com/blog/amy-winehouse-the-soulful-legacy-of-a-modern-jazz-icon/

IMDb(2014). Elvis Presley movies list. https://www.imdb.com/list/ls059414601/

Kemper, J.(2023). Baidu shows ERNIE-Music – a breakthrough for text-to-waveform?. The Decoder. https://the-decoder.com/baidu-shows-ernie-music-a-breakthrough-for-text-to-waveform/

Lim, J.(2020). Artists' voices re-created with AI. The Korea Herald. https://www.koreaherald.com/article/2505449

Marr, B.(2011). How AI wrote brand new songs by Amy Winehouse and Kurt Cobain. https://bernardmarr.com/how-ai-wrote-brand-new-songs-by-amy-winehouse-and-kurt-cobain/

Pena-Caceres, O. et al.(2023). Recognition of human actions

through speech or voice using machine learning techniques. *Computers, Materials & Continua, 77*(2), pp.1873~1891.

Rufo, Y.(2024). Elvis Evolution: Presley to be brought to life using AI for new immersive show. BBC News. https://www.bbc.com/news/uk-england-london-67871115

Savage, M.(2016). Amy Winehouse charity sets up recovery house. BBC News. https://www.bbc.com/news/entertainment-arts-36941775

Spurway, G.(2023). The success of the ABBA Voyage show – report. The Ticketing Business. https://www.theticketingbusiness.com/2023/09/05/the-success-of-the-abba-voyage-show-report/

Telegraph(2021). Reclaiming Amy, review: A chance for the Winehouse family to change the narrative. https://www.telegraph.co.uk/tv/0/reclaiming-amy-review-chance-winehouse-family-change-narrative/

## 02
# AI 커버 음악의 기원

AI 커버 음악의 기원은 2008년 탄생한 음성 합성 기술 우타우(UTAU)로 거슬러 올라간다. 우타우는 오픈 소스 정책으로 일반인에게 디지털 보컬 창작의 기회를 제공했고, 사용자들은 자신의 목소리로 보이스뱅크를 제작했으며, 이를 기반으로 글로벌 커뮤니티를 구축했다.

AI와 MBTI?

## 디지털 보컬 합성 음악의 대전환

디지털 보컬 합성 기술이 지난 15년간 빠르게 발전하며 음악 창작의 패러다임을 근본적으로 변화시키고 있다(손미화, 2025). 다소 이견이 있을 수 있지만 그 출발점에는 일본 프로그래머 아메야(Ameya)가 2008년 개발한 우타우(UTAU)가 있다.

일본어로 '노래하다'라는 뜻의 우타우는 컴퓨터를 통해 가상의 목소리로 노래를 만들 수 있는 음성 합성 소프트웨어다. 당시 음성 합성 소프트웨어 시장은 야마하가 개발한 보컬로이드(VOCALOID)가 주도하고 있었다. 그러나 높은 가격과 폐쇄적인 시스템으로 일반 사용자들의 접근은 극히 제한적이었다. 우타우는 이러한 시장에 무료 배포와 오픈 소스 정책으로 도전장을 내밀며 디지털 보컬 창작의 문을 활짝 열었다(Inoue et al., 2018).

우타우는 사용자가 직접 자신의 목소리를 녹음하여 개인만의 보이스뱅크를 제작할 수 있다는 점에서 당시로서는 혁신적이었다. 보이스뱅크란 음성 합성 소프트웨어가 노래를 만들기 위해 사용하는 목소리 샘플의 집합체다. 사용자들은 우타우 덕분에 소프트웨어의 단순한 소비자가 아닌 보이스뱅크의 제작자로 변모할 수 있었다(Prasanth, 2024). 일본어 인터페이스를 사용하던 우타우는 발 빠르게 영어 버전을 출시하면서 전 세계로 사용자 참여를 넓혔다. 특히 동아시아 지역에서 우타우를 활용한 창작이 폭발적으로 증가했다(Sleeper, 2024).

사실 우타우의 기술은 단순하다. 녹음된 음절 단위의 샘플을 연결하고 피치(음의 높낮이)를 조정하여 노래를 만드는 '샘플 기반 합성' 방식이다. 사용자는 녹음표(각 언어의 발음을 표시한 지침서)를 참고하여 각 음절을 녹음하고, 원음 설정 과정을 통해 샘플 특성을 조정한다. 이후 피아노 롤 인터페이스(음악 시퀀서의 한 형태로, 가로축이 시간, 세로축이 음높이를 나타내는 그래픽 인터페이스)에서 음절을 배치하고 피치, 음량, 타이밍 등을 세밀하게 조정하는 '조성(調声)' 과정을 통해 자연스러움을 추가한다(Selene, 2011). 여기서 조성이란 가상 가수의 목소리 데이터를 다듬고 조정하여 더 자연스럽고 표현력 있는 노래를 만드는 과정을 말한다.

우타우 음성 합성 프로그램에서 가장 성공적으로 꼽히는 프로젝트는 '카사네 데토(Kasane Teto)'라는 가상 캐릭터다. 2008년 4월 1일, 한 인터넷 사용자 그룹이 데토를 마치 '하츠네 미쿠'와 같은 공식 보컬로이드 캐릭터인 것처럼 가짜 정보를 퍼뜨렸다(The Miracle Diva Project, 2025). 당시 하츠네 미쿠는 2007년 출시 후 일본은 물론 전 세계적으로 디지털 보컬 캐릭터의 대명사였다(WIPO, 2023).

사용자들은 장난삼아 시작한 데토를 실제 캐릭터로 발전시키기로 했다. 데토는 분홍색 드릴 모양의 트윈 테일을 특징으로 하고, 치메라(키메라)라는 가상 종족의 지위도 부여받았다. 이때 데토의 목소리를 만들기 위해 활용된 프로그램이 우타우였다.

데토가 인터넷에 공개되자 놀라운 일이 벌어졌다. 비공식 캐릭터였음에도 공식 보컬로이드 캐릭터인 하츠네 미쿠에 버금가는 인기를 끌게 된 것이다. 디지털 공간에서의 팬 커뮤니티 창작 활동이 단순한 팬 활동을 넘어 하나의 독립적인 문화 현상이 된 사건이었다.

그러나 사실 우타우는 여러 기술적 한계도 가지고 있었다. 일본어 환경에 맞춰져 있다 보니 다른 언어 환경에서는 인코딩 문제가 빈번하게 발생했다. 자연스러운 발음을 위해서는 매우 세밀한 조정 작업을 거쳐야 했다. 게다가 녹음 과정에서의 노이즈 처리, 샘플 간 일관성 유지 등의 문제로 고품질 보이스뱅크 제작에 상당한 어려움이 따랐다. 우타우는 이런 어려움을 극복하고 수십만 명의 글로벌 사용자를 확보했으며, 마침내 수천 개의 보이스뱅크가 제작 · 공유되었다.

여기에는 우타우 사용자들의 소프트웨어의 한계를 극복하기 위한 헌신적인 노력들이 있었다. 이들은 자발적으로 외부 플러그인(기본 소프트웨어의 기능을 확장하는 추가 프로그램)을 개발하고, 더 자연스러운 발음을 위한 다양한 테크닉을 공유했다. 가령 이들이 개발한 '히니세(Hnnnse)'라는 기술은 모음 간 연결을 보다 자연스럽게 해 주었고, 'CVVC(자음-모음-모음-자음)' 방식은 더 유연한 발음 표현을 가능하게 했다(UTAU Community, 2016).

## 디지털 보컬 음악 플랫폼, 니코니코 동화

2006년 12월 서비스를 시작한 일본의 대표적인 동영상 공유 플랫폼 니코니코 동화(ニコニコ動画)는 우타우 기반 창작 문화의 탄생지이자 중심지였다. '니코니코'는 일본어로 '미소 짓다'라는 뜻이며, '동화'는 '동영상'을 의미한다(Inoue & Fukumoto, 2019).

니코니코 동화의 가장 큰 특징을 꼽자면 단연 화면에 큼지막한 댓글이 흐르는 이른바 '니코니코 코멘트(ニコニコメント)' 시스템이다(Wikipedia). 시청자가 특정 시점에 남긴 댓글이 다른 시청자들의 화면에도 동시에 나타나는 방식이다. 일견 정신없어 보이기도 하는 댓글

뭉치들을 통해서 사용자는 혼자 영상을 보고 있더라도 마치 여러 사람과 함께 감상하는 듯한 일종의 공동체 경험을 하게 된다. 창작자들은 실시간 피드백을 통해 자신의 작품을 개선할 수 있고, 시청자들은 능동적으로 창작 과정에 참여하는 느낌을 받았다. 이러한 댓글 문화는 디지털 보컬 음악의 발전에 결정적인 역할을 했다.

니코니코 동화는 '우타이테(歌い手)' 문화도 만들어냈다. 우타이테는 일본어로 '가수'를 뜻한다. 그러니까 우타이테 문화는 실제 사람들이 디지털 보컬 오리지널 곡을 커버하여 부르는 활동을 말한다. 흥미롭게도 많은 '우타이테'들이 자신의 정체성을 숨기고 아바타나 가명을 사용하여 활동했는데, 이는 보컬로이드 캐릭터가 가상의 정체성을 가진 것과 다르지 않다(정준혁 · 이승연, 2023). 시간이 지남에 따라 일부 인기 우타이테들은 메이저 레이블과 계약을 맺고 전문 가수로 데뷔하기도 했다.

니코니코 동화에서 디지털 보컬 창작 문화의 성장은 'P'라는 독특한 창작자 호칭 시스템과도 밀접한 관련이 있다(Reddit, 2025). 보컬로이드 음악을 제작하는 창작자들 사이에서 자신의 닉네임 뒤에 '프로듀서'의 약자인 'P'를 붙이는 관행이 자연스럽게 만들어졌다. '와후이P

(わふうP)', '로류P(ろりゅP)', '나노우P(ナノウP)' 등 수많은 창작자들이 이러한 방식으로 자신의 정체성을 규정했다. 'P'는 디지털 보컬 커뮤니티 내에서 창작자로서의 지위를 부여하는 나름의 문화적 장치인 셈이다.

'와후이P(わふうP)'의 '롤링 걸(Rolling Girl)'은 니코니코 동화에서 시작된 디지털 보컬 음악이 상업적 성공으로 이어진 대표적인 사례다. 와후이P는 본명 구도 게이치로(工藤ケイチロウ)로, 다양한 하츠네 미쿠의 곡을 커버해 인기를 끌었다. 그중에서도 2010년 2월에 업로드한 〈롤링 걸〉은 하츠네 미쿠의 목소리를 통해 현대 사회에서 고통받는 소녀의 이야기를 표현해 주목을 받았다(김도희, 2018). 멜로디가 다소 복잡하고 가사도 진지해서 인터넷 사용자들에게 소구하기 어려울 법도 했지만, 미쿠의 목소리를 활용한 강렬한 보컬은 니코니코 동화 사용자들에게 큰 반향을 일으켰다. 빠르게 100만 조회수를 돌파했고, 감상자들의 댓글 반응은 뜨거웠다.

〈롤링 걸〉의 인기는 디지털 공간을 넘어 기존의 음악 산업으로 확산되었다. 2010년 5월 에그짓 튠스(EXIT TUNES)라는 인디 레이블이 발매한 〈롤링 걸〉을 포함한 디지컬 보컬 컴필레이션 앨범은 오리콘 주간 앨범 차트에서 1위를 차지하는 등 인기몰이에 성공했다(Oricon

News, 2010). 온라인 커뮤니티에서 시작된 그것도 아마추어의 창작물이 주류 음악 시장에서도 경쟁력을 가질 수 있음을 증명한 것이다. 〈롤링 걸〉은 여세를 몰아 하츠네 미쿠의 공식 콘서트 '마지컬 미라이(Magical Mirai)'에서 정기적으로 공연되는 인기곡의 반열에 올랐다. 아마추어였던 와후이P는 당당하게 프로페셔널 작곡가로서 이름을 올렸다.

와후이P뿐 아니라 'ryo'(supercell의 프로듀서)의 '월드 이즈 마인(World is Mine)', 'kz'(livetune의 프로듀서)의 '멜트(Melt)', 'DECO*27'의 '러브 소게키(Love Doll, 恋愛裁判)' 등 많은 디지털 보컬 창작자들이 니코니코 동화에서 시작하여 상업적 성공을 거두었다. 이들 중 상당수는 와후이P와 마찬가지로 전문 음악 프로듀서로 진화하여 메이저 레이블과 계약을 맺거나 자신의 레이블을 설립했다(Shiba, 2021).

## 디지털 보컬 음악의 글로벌 확산

2010년대 중반이 되자 일본의 시작된 디지털 보컬 음악은 글로벌로 확장하기 시작했다. 때마침 등장한 유튜브는 우타우 음악이 전 세계로 퍼져 나가는 데 결정적인 역할을 했다.

일본어 사용자에 국한되던 니코니코 동화와 달리 유튜브는 다국어 인터페이스와 글로벌 사용자 기반을 갖추고 있어 언어적, 문화적 장벽을 넘어 콘텐츠가 확산하는 기폭제가 되었다. 초기에는 니코니코 동화의 인기 디지털 보컬 음악 영상이 유튜브로 재업로드되는 형태가 많았지만, 이내 유튜브를 주 플랫폼으로 삼는 창작자들이 더 많아졌다.

유튜브에서 우타우 콘텐츠는 몇 가지 중요한 변화를 겪었다(이는 보컬로이드로 크게 다르지 않다). 첫째, 다양한 언어권의 창작자들이 자국어로 디지털 보컬 음악을 제작하기 시작했다(Last.Fm, 2024). 영어권에서는 '서커스P(Circus-P)', '크러셔P(Crusher-P)' 등이, 스페인어권에서는 '밀리찬(Mili-chan)', 한국에서는 '아스터(Aster)' 등이 각자의 언어로 디지털 보컬 음악을 제작했다. 둘째, 자막 문화가 활성화되어 언어적 장벽을 넘어선 감상이 가능해졌다. '보컬로이드 데이터베이스(Vocaloid Database)', '보컬DB(VocaDB)' 등의 커뮤니티는 디지털 보컬 곡의 가사를 여러 언어로 번역하여 공유했다. 그중에서도 특히 보컬DB는 보컬로이드 관련 곡, 앨범, 아티스트 정보를 집대성한 데이터베이스로, 전 세계 팬들로 하여금 관련 정보를 공유하고 검색할 수 있게 해 주었다. 셋째, 수익화 시스템을 통해 창작자들이 지속적으로 콘텐츠를 제작할 수 있는 환경이 조성되었다. 유튜브의 광고 수익, 멤버십, 슈퍼챗(라이브 스트리밍 중 시청자가 창작자에게 보내는 금전적 후원) 등의 기능은 창작자들에게 안정적인 수입원을 제공했다.

## 중국의 디지털 보컬 음악

디지털 보컬 음악을 이야기할 때 중국을 빼놓을 수 없다. 중국을 대표하는 동영상 공유 플랫폼인 빌리빌리(Bilibili)는 일본의 니코니코 동화와 유사한 화면 댓글 시스템인 '탄막(彈幕)' 기능을 갖추고 있다.

탄막은 영상 위에 실시간으로 댓글이 흐르는 형식으로, 시청자들의 감상, 응원, 밈(meme) 등을 공유할 수 있게 해 준다. 이러한 디지털 탄막은 처음 등장한 일본의 니코니코 플랫폼보다 빌리빌리에서 더욱 크게 유행했다(Yan Hong · 박성복, 2019).

팬들은 탄막을 통해 감동적인 장면에 '泪目(눈물남)' 같은 댓글을 쏟아 내거나, 특정 캐릭터의 등장에 맞춰 응원의 메시지를 보내는 등 참여에 적극적이다. 이러한 문화는 팬들 간의 유대감과 커뮤니티 형성을 촉진하며, 나아가 빌리빌리 특유의 팬덤 기반 생태계를 형성하는 데 결정적인 역할을 하고 있다(Xu, 2025).

탄막은 진화를 거듭하고 있다. 텐센트 비디오는 지능형 화면 가림 방지(智能防遮挡) 옵션을 추가하여 중요한 장면이 탄막(弹幕)에 가려지지 않도록 하여 시청 품질을 향상했다. 이러한 실시간 인터랙션(interaction)은 사용자 간 커뮤니티를 강화하며, 젊은 층의 시청 소감 공유 욕구를 충족한다. 텐센트 비디오는 앱(APP) 내에 'Doki' 스타 팬 커뮤니티도 구축했다. 이 커뮤니티에서는 스타별로 콘텐츠를 집계하고 응원, 토론, 팬클럽 운영 등 기능을 제공한다. 사용자는 커뮤니티 내의 라이브 채팅방에서 스타와 직접 소통할 수 있다.

폭발적인 인기를 끌며 중국 디지털 보컬 문화를 대표하는 아이콘이 된 '뤄톈이(洛天依)', '위에즈신(樂正綾)' 등의 주 활동 무대 역시 빌리빌리다.

뤄톈이는 2012년에 등장한 중국 최초의 보컬로이드 캐릭터로, 하늘색 머리와 전통적인 중국 의상을 입은 소녀로 설정되어 있다. 2015년에 등장한 '위에즈신'은 상하이 허녠(Shanghai Henian)이 개발한 캐릭터로 2015년 보컬로이드3(VOCALOID3) 엔진을 기반으로 출시되었으며, 뤄톈이와 동일한 세계관을 공유한다. 활발한 성격을 지닌 위에즈신은 강인하고 생동감 있는 이미지로 팬

층을 넓히고 있으며, 다양한 듀엣곡과 커버 영상에서 뤄텐이와 자주 함께 등장하며 서사적 연결성을 강화해 왔다. 2017년에는 중국 중앙 텔레비전(CCTV)의 춘절(중국의 설날) 특별 프로그램에 출연하여 전국적 인지도를 얻기도 했다(AIbase, 2024).

이들을 활용한 음악은 QQ뮤직, 넷이즈 클라우드 뮤직 등 주요 디지털 음원 플랫폼에서도 공식 발매되며 상업적으로도 성공을 거두고 있다. 디지털 보컬 캐릭터가 중국의 주류 엔터테인먼트 산업에 완벽하게 편입된 것이다.

## 참고문헌


김도희(2018). 보컬로이드 가상캐릭터의 특성 분석 연구 – 아이돌캐릭터 하츠네 미쿠를 중심으로. 일러스트레이션 포럼, 56, 27~36쪽.

나무위키. https://namu.wiki/w/카사네%20테토

손미화(2025). “[손미화 칼럼] AI 음악 창작, 인간 창의성을 위협할까? AI 시대, 음악 창작의 새로운 가능성과 도전”. 미디어창업뉴스. http://www.kmedia-news.com/news/articleViewAmp.html?idxno=8388

정준혁·이승연(2023). “일본의 가상가수 산업에서 사용된 일본 서브컬처 음악 연구”. 《한국엔터테인먼트산업학회 학술대회 논문집》, 9~16쪽.

YAN HONG·박성복(2020). 디지털 탄막 이용과 이용자들의 지각된

상호작용, 시청 몰입감 및 시청 만족감에 관한 탐색적 연구. 《디지털콘텐츠학회논문지》, 21(1), 99~109쪽.

AIbase(2024). Bilibili Unveils Custom AI Voice for Luo Tianyi and AI Dynamic Animation at 2024 World AI Congress. https://www.aibase.com/news/10043

Inoue, A. et al.(2018.12). Creation of ideal user's voice using user's own UTAU voice and interactive genetic algorithm. *2018 Joint 10th International Conference on Soft Computing and Intelligent Systems (SCIS) and 19th International Symposium on Advanced Intelligent Systems (ISIS)*, pp.559~563.

Inoue, A., & Fukumoto, M. (2019). Investigation of Efficiency and Observation of Voice Quality Parameters in Ideal User's Voice Creation using UTAU and Interactive Differential Evolution. *Nihon Kansei Kougakkai Rombunshi, 18*(4), 299~306.

Last.Fm(2024). Circus-P Biography. https://www.last.fm/music/Circus-P/+wiki

Masuzawa, R.(2014). Niconico's Comment-Enhanced Videos Build Fervent Young Community. nippon.com. https://www.nippon.com/en/column/g00218/

Oricon News(2010). Hatsune Miku's compilation album, the first Vocaloid CD in history to top the Oricon weekly chart. https://www.oricon.co.jp/news/76534/full/

Prasanth, N. et al.(2024.12). Development of a Tri-Pitch and Tri-Tone Utau VoiceBank: Hanakoloid. *2024 4th International Conference on Ubiquitous Computing and Intelligent Information Systems (ICUIS)*, pp. 792~798.

Reddit(2025). Why do vocaloid artists have "p" in their name?. https://www.reddit.com/r/Vocaloid/comments/1j3o42b/w

hy_do_vocaloid_artists_have_p_in_their_name/
Selene, A.(2011). "Continuous Sound" Recording: UTAU Upgrades Realism. Vocaloidism.
Shiba, T.(2021). Hatsune Miku: Digital Face of a Twenty-First Century Music Revolution. nippon.com. https://www.nippon.com/en/japan-topics/g01038/
Sleeper, M.(2024). Singing Synthesizers: Musical Language Revitalization through UTAUloid. *Canadian Journal of Applied Linguistics, 27*(2), pp.52~84.
The Miracle Diva Project. (2025). The Origins of Kasane Teto. Retrieved September 16, 2025, from https://tetomiracle.wordpress.com/about-kasane-teto/the-origins-of-kasane-teto/
Utau. What is CVVC?. http://utau.us/cvvc.html
UTAU Community. (2016). UTAU Wiki 2.0. https://utau.wiki/
WIPO(2023). Hatsune Miku: Giving Creativity a Voice Beyond the Physical Realm. https://www.wipo.int/web/ip-advantage/w/stories/hatsune-miku-giving-creativity-a-voice-beyond-the-physical-realm
Wikipedia. Niconico. https://en.wikipedia.org/wiki/Niconico
Xu, Y.(2025). What is Bilibili: The Cultural Force of China's Younger Generation and Opportunities for Brands in 2025. https://www.bwb.agency/post/what-is-bilibili-the-cultural-force-of-china-s-younger-generation-and-opportunities-for-brands-in-2

03

# AI 커버 기술과 음악의 민주화

AI 커버 음악 기술은 음악 창작의 민주화를 가속화하고 있다. 전문적인 음악 교육 없이도 창의적인 표현이 가능해짐에 따라 비전공자도 높은 수준의 음악적 재해석을 시도할 수 있다. 또한 '역커버' 전략은 신진 창작자들에게 새로운 마케팅 가능성을 제시하고 있다. 음악 창작의 새로운 문이 열린 것이다.

AI와 난임 극복?

## AI가 열어 준 음악 창작의 새로운 지평

음악 창작은 오랫동안 특별한 재능과 전문적인 교육을 받은 소수의 영역으로 여겨져 왔다. 하지만 인공지능 기술의 발전은 이러한 통념을 무너뜨리며 음악 창작의 민주화를 가속화하고 있다. 그 중심에는 미국 테네시 출신의 음악가 홀리 헌던의 '홀리플러스(Holly+)' 프로젝트가 있다.

2021년 공개된 '홀리플러스' 프로젝트는 딥러닝 기반 보컬 합성 기술을 활용해 누구나 헌던의 목소리로 노래할 수 있는 혁신적인 시스템을 구축했다. 이 시스템의 핵심에는 복잡한 음원에서 보컬 트랙을 정확히 분리해내고, 이를 타깃 음색(헌던의 목소리)으로 변환하는 과정을 자동화한 폴리포닉 보컬 분리 알고리즘이 있다(Kenneally, 2021). 이 알고리즘을 활용하면 일반적인 음악 제작 과정에서 필수적이었던 전문적인 발성 기술이나 음악 이론 지식 없이도, 전문가 수준의 보컬 트랙을 얻을 수 있다.

'홀리플러스' 시스템에서 눈여겨봐야 하는 대목은 그 세부적인 구현 방식이다. 전통적인 음성 합성 기술이 단순히 텍스트를 음성으로 변환하는 데 그쳤다면, 헌던의 시스템은 음악적 표현력의 미묘한 요소들—음색의 깊이, 비브라토, 호흡의 강약, 감정적 뉘앙스 등-을 정교하게 모델링한다(Ars electronica, 2022). 단순한 기술적 모방이 아닌, 예술적 해석이 가능한 수준의 음성 합성이 가능한 것이다.

특히 주목할 만한 점은 사용자가 입력한 멜로디의 음악적 맥락(장르, 분위기, 템포 등)을 시스템이 자동으로 인식하여 그에 적합한 보컬 표현 방식을 적용한다는 것이다. 예를 들어, 같은 멜로디 라인이라도 발라드풍으로 입력했을 때와 록 스타일로 입력했을 때 시스템이 생성하는 보컬의 표현 방식은 완전히 달라진다. 이러한 맥락 인식 기능은 음악적 훈련이 없는 사용자도 직관적으로 원하는 음악적 표현을 얻을 수 있게 해준다.

'홀리플러스' 시스템이 가져온 또 하나의 혁신은 접근성에 있다. 헌던은 이 기술을 웹 인터페이스를 통해 일반 대중에게 개방해, 누구나 자유롭게 활용할 수 있도록 했다. 과거에는 녹음 스튜디오, 전문 장비, 숙련된 엔지니어 등 상당한 자원이 필요했던 음악 제작 과정이 이제는 기본적인 컴퓨터와 인터넷 연결만으로도 가능해졌다(Kenneally, 2021).

접근성의 확장은 기술적 차원을 넘어, 심리적 장벽을 허무는 효과도 가져왔다. 전통적인 음악 교육 환경에서는 '타고난 재능'이나 '음감'에 대한 강조가 음악적 자신감을 갖지 못한 많은 이들을 창작 과정에서 소외시켰다. 그러나 AI 기술은 이러한 전통적 '재능'의 개념을 재정의하고, 아이디어와 창의성이 기술적 숙련도보다 우선시되는 환경을 만들어 준다.

헌던은 또한 탈중앙화된 자율조직(DAO)을 통한 공동 소유권 모델을 도입했다. 기술의 활용과 발전 방향을 커뮤니티 구성원들이 함께 결정함으로써 음악 창작에 대한 민주적 참여를 확대했다. 2022년 다오 구성원들은 '졸렌(Jolene)' 커버 제작을 투표로 결정하고, 수익의 일부를 AI 모델 개선에 재투자하기로 했다(Eede, 2022). 음악 전공자와 비전공자 사이의 경계를 허물고, 다양한 배경을 가진 사람들이 음악 창작 생태계에 동등하게 참여할 수 있는 환경이 조성되고 있는 것이다.

다오를 통한 거버넌스 모델의 작동 방식을 구체적으로 살펴보자. 모든 커뮤니티 구성원은 '홀리플러스' 시스템의 발전 방향에 관한 제안을 할 수 있고, 이에 대한 투표권을 가진다. 투표권의 분배는 기여도에 따라 차등적으로 이루어지지만, 최소한의 참여만으로도 기본적인 의사 결정 권한이 부여된다. 아마추어나 신진 창작자들도 발언권을 가지게 되는 것이다. 특히 흥미로운 점은 커뮤니티가 '홀리플러스' 기술의 상업적 활용 범위, 윤리적 가이드라인, 수익 분배 구조 등을 직접 결정한다는 것이다. 이는 기술 발전의 방향이 소수의 전문가나 기업이 아닌, 사용자 공동체의 필요와 가치에 의해 결정되는 새로운 모델을 제시하고 있음을 의미한다.

## 창의적 재해석의 새 지평: 〈졸렌〉 AI 커버의 문화적 의미

홀리 헌던의 〈졸렌(Jolene)〉 AI 커버는 음악 전공자가 아니더라도 높은 수준의 음악적 재해석과 창의적인 표현이 가능함을 증명한 상징적 사례다.

돌리 파튼(Dolly Parton)이 작사 · 작곡한 〈졸렌〉의 재해석은 단순한 기술적 변형을 넘어선다. 이 커버는 원곡의 내러티브와 감정적 뉘앙스를 완전히 다른 관점에서 해석했다. 파튼의 원곡이 직설적이고 감정적인 호소를 담고 있다면, 헌던의 버전은 더 내면적이고 복잡한 감정의 층위를 드러낸다. 템포의 감소와 화성의 복잡화는 단순한 스타일 변화가 아닌, 가사의 내용을 새로운 심리적 차원에서 해석하는 효과를 가져왔다. 가령 "당신의 아름다움은 형용할 수 없어요"라는 구절이 원곡에서는 직접적인 찬사로 들린다면, 헌던의 버전에서는 복잡한 내적 갈등과 체념의 뉘앙스를 진하게 풍긴다. 전통적인 음악 교육 없이도, 감성적 통찰과 창의적 상상력만으로 의미 있는 음악적 재해석이 가능한 것이다.

화성 진행의 재구성도 눈여겨볼 만하다. 상대적으로 단순한 원곡의 화성 구조를 7화음과 9화음을 활용한 재즈적 어프로치로 변형하는 것은 고도의 음악 이론적 지식을 요구하는 작업으로 여겼다. 그러나 AI 기술은 이러한 복잡한 화성 패턴을 생성하고 다양한 옵션을 제시함으로써, 비전공자도 직관적으로 선택하고 적용할 수 있게 했다. 헌던 팀은 AI가 제안한 여러 화성 진행 옵션 중에서 가장 정서적으로 원하는 효과를 주는 것을 선택하는 방식으로 작업했다. 이는 기술적 지식보다 감성적 판단이 중심이 되는 창작 프로세스의 가능성을 보여 준다.

〈졸렌〉 커버는 헌던의 AI 보컬 모델이 생성한 보컬 트랙에 생기타 연주를 결합하는 하이브리드 접근법을 택했다. 이는 AI가 인간의 음악적 표현을 대체하는 것이 아니라 확장하는 도구로 활용될 수 있음을 보여 준다.

뮤직비디오 제작에서도 AI 기술은 비전공자들에게 새로운 창작 도구를 제공한다. 홀리 헌던의 〈졸렌〉 뮤직비디오는 모션 캡처 기술과 3D 아바타를 활용하여 제작되었다. 이 역시 전통적인 영상 제작 지식 없이도 시각적으로 강렬한 콘텐츠를 만들 수 있음을 의미한다. 특히 기술의 불완전함(3D 아바타의 부자연스러운 움직임 등)을 의도적으로 노출시킨 미학적 접근은 비전공자들에게 “완벽함”의 부담 없이 자유롭게 실험할 수 있는 창작 환경을 제시했다는 평가를 받았다(Ferrier, 2022).

## 음악 창작의 새로운 패러다임

AI 기술이 비전공자들의 음악 창작에 주는 도움으로 빼놓을 수 없는 게 ‘역커버(reverse cover)’ 전략이다.

이는 기존의 커버 개념을 뒤집어, 자신의 오리지널 곡을 유명 아티스트의 AI 보컬로 재해석하는 방식이다(98 KUPD, 2023). 영국의 밴드 브리저(Breezer)는 2023년 자신들의 오리지널 곡을 오아시스의 AI 보컬로 제작해 ‘잃어버린 오아시스 앨범’을 발표했다. ‘아이시스(Aisis)’로 명명된 이 프로젝트는 많은 화제를 모았다. 밴드의 멤버인 리암 갤러거는 “진짜 오아시스보다 낫다”고 극찬하기도 했다(Trapp, 2023).

‘역커버’ 전략으로 말미암아 청중은 익숙한 음색(유명 아티스트의 목소리)을 통해 낯선 콘텐츠(신진 창작자의 곡)를 접하게 된다. 이때 새로운 음악을 접할 때의 심리적 장벽이 낮아진다. 비전공자들은 이러한 문화적 재배치(cultural repositioning)를 통해 자신의 창작물을 기존 음악 시장에 소개할 수 있다.

물론 이러한 전략에는 법적, 윤리적인 문제가 수반된다. 유명 아티스트의 음성을 무단으로 활용할 경우 초상권 침해나 저작인접권 문제가 발생할 수 있다. 그러나 이러한 위험을 최소화하기 위한 전략이 없는 건 아니다. 첫째, 영상 제목과 설명에 'AI로 생성된 음성'임을 명확히 밝히고, 원아티스트와의 공식적 연관성이 없음을 분명히 한다. 둘째, 상업적 수익화(모네타이즈, 현금화)를 하지 않고 프로모션 목적으로만 활용한다. 셋째, 원아티스트의 이미지나 브랜드를 부정적으로 묘사하지 않고 존중하는 태도를 견지한다. 이런 기본적인 사항만 지킨다면 비전공자들도 법적 위험을 관리하면서도 창의적 실험을 할 수 있다.

개인화된 AI 보컬 모델의 구축 과정은 이제 상당히 간소화되었다. 조용한 환경에서 10분 정도의 음성 샘플을 녹음하기만 하면 된다(AudioCipher, 2025). 오픈 소스 도구들은 이 데이터를 기반으로 몇 시간 내에 AI 보컬 모델을 생성한다. 이 과정에서 전문적인 녹음 장비나 기술은 없이 스마트폰과 헤드셋만으로도 충분한 품질의 데이터를 수집할 수 있다.

AI 커버 음악 기술은 향후 더욱 직관적이고 상호 작용적인 방향으로 발전할 것으로 예상된다. 특히 '다중 스타일 전이' 기술의 발전은 비전공자들도 음악적 표현의 세부적인 뉘앙스까지 제어할 수 있도록 할 것으로 보인다. 감정 패턴, 음색 특성, 발음 방식 등을 개별적으로 조절할 수 있는 모듈식 AI 보컬 모델 때문이다. 또한 '맥락 인식' 기능의 향상으로 곡의 분위기, 장르적 특성, 가사의 감정적 내용을 종합적으로 분석하여 적합한 보컬 스타일을 자동으로 선택하는 지능형 시스템이 가시화되고 있다.

AI 커버 음악 기술은 "누가 음악을 만들 수 있는가?"라는 근본적인 질문을 던진다. 전통적으로 음악 창작은 타고난 재능과 오랜 훈련을 거친 소수의 영역이었다. 하지만 이제는 창의적인 아이디어만 있다면 누구나 참여할 수 있는 '민주적' 과정이 되고 있다. 물론 이러한 변화에 대해 한편에서는 음악 산업의 구조와 음악적 가치에 대한 회의 섞인 질문들을 제기하는 것도 사실이다. 그러나 홀리 헌던의 실험이 보여 주듯, AI 기술은 인간의 창의적 표현을 제한하는 것이 아니라, 오히려 그 영역을 확장하고 더 많은 이들이 음악 창작의 기쁨을 경험할 수 있게 하는 도구가 될 수 있다.

## 참고문헌

98 KUPD(2023). Liam Gallagher reacts to AI recreation of his voice. https://98kupd.com/liam-gallagher-reacts-to-ai-recreation-of-his-voice/

Ars electronica(2022). Holly+ Holly Herndon (UM), Mathew Dryhurst, Herndon Dryhurst Studio. https://ars.electronica.art/planetb/en/holly-plus/

AudioCipher(2025). 10 Best AI Singing Voice Generators for Making Music in 2025. Retrieved September 16, 2025, from https://www.audiocipher.com/post/ai-voice-generators

Data Science Dojo(2024). Exploring the 5 Leading AI Music Generation Models. https://datasciencedojo.com/blog/5-ai-music-generation-models/

Eede, C.(2022). Holly Herndon Shares AI Cover Of Dolly Parton's 'Jolene'. The Quietus. https://thequietus.com/news/holly-herndon-ai-cover-jolene/

Ferrier, A.(2022). Holly Herndon releases AI cover of Dolly Parton's 'Jolene'. Far Out Magazine. https://faroutmagazine.co.uk/holly-herndon-releases-ai-cover-of-dolly-partons-jolene/

Kenneally, C.(2021). Holly Herndon launches new "digital twin" Holly+ with voice instrument tool. The Line of Best Fit. https://www.thelineofbestfit.com/news/latest-news/holly-herndon-launches-new-digital-twin-holly-with-voice-instrument-tool

Moen, M.(2022). Holly Herndon Drops an AI Deepfake Cover of 'Jolene'. Paper Magazine. https://www.papermag.com/holly-herndon-ai#rebelltitem7

Trapp, P.(2023). Liam Gallagher Responds to AI-Generated Oasis Album – 'I Sound Mega'. Loudwire. https://loudwire.com/ai-oasis-liam-gallagher-response-aisis-breezer-band

## 04
## AI 커버 음악과 전통적 커버 음악 수용의 경계

일반 커버 음악은 인간 아티스트의 개인적 경험과 해석이 담긴 예술적 표현 행위인 반면, AI 커버 음악은 알고리즘이 원곡 가수의 패턴을 학습하고 모방하는 기술적 과정의 결과물이다. 따라서 AI 커버 음악과 일반 커버 음악 간에는 기술적 생성 과정과 저작권 인식 그리고 윤리적 수용 면에서 차이가 필연적으로 존재한다.

AI와 사주?

## 기술적 생성 과정과 정서적 연결성의 차이

AI 커버 음악과 일반 커버 음악은 얼핏 비슷해 보이지만, 그 생성 과정부터 확연히 다르다. 당연히 이 차이는 우리가 음악을 듣고 느끼는 감정, 즉 정서적 경험에도 직접적인 영향을 미친다(Fišer et al., 2025).

일반 커버 음악에서 아티스트는 원곡에 자신만의 해석과 감정을 담아, 마치 새로운 이야기를 들려주듯 다른 노래를 만들어 낸다. 원곡과는 차별화된 고유한 작품인 것이다. 반면 AI 커버 음악은 사람이 아니라 알고리즘이 만든다. 기계 학습 기술이 원곡 가수의 목소리를 학습하고, 그 음색과 창법, 억양, 심지어 호흡까지 모방해 새로운 커버 음악을 만들어 낸다.

대부분의 AI 음성 합성 시스템은 '심층신경망(Deep Neural Network)' 기술을 활용한다. 수천 개의 가상 뉴런으로 구성된 다층 네트워크는 원곡 아티스트의 목소리 샘플에서 음색, 발음, 억양, 호흡 패턴 등의 특성을 추출하고 이를 학습한다(Ciaburro & Venkateswaran, 2017). 이러한 과정은 꽤나 정교하다. 보통 해당 가수의 수백 시간 분량의 오디오 데이터를 분석하여 이루어지기 때문이다. 이때 사용되는 기술로는 'GAN(Generative Adversarial Network, 생성적 적대 신경망)', '오토인코 더(Autoencoder)', '웨이브넷(WaveNet)' 등이 있다. 모두 사람의 음성 패턴을 수학적으로 모델링하고 재구성하는 알고리즘이다(Zhao et al., 2018).

AI 커버 음악은 이러한 딥러닝 기반 음성 모델 외에도, 실제 음원을 재구성하기 위해 다양한 기술들이 함께 사용된다. 먼저, '음원 분리 기술'이 있다. 이 기술은 원곡에서 가수의 목소리와 반주(MR)를 분리해 내는 것으로 '스펙트로그램(Spectrogram)'이 대표적이다. 이 기술은 음악을 주파수 데이터로 시각화한 후, 시간과 주파수에 따른 특징을 학습하여 보컬과 반주를 따로따로 추출한다(Sahai et al., 2019).

다음으로는, '음성 합성'과 '변환 기술'이 있다. 분리된 음원에 AI가 새로운 목소리를 입히거나 기존 목소리를 다른 가수처럼 바꾸는 등 목소리의 주체나 특성을 바꾸는 데 활용된다(ZHAW, 2019). 마지막으로, 자동 보컬 조정 기술은 AI가 원곡의 음악적 특성을 실시간으로 분석하여 사용자의 목소리를 자동으로 보정하는 시스템이다. 만약 사용자가 원곡보다 높거나 낮은 음으로 부르거나, 빠르거나 느린 속도로 노래한다면, AI가 즉시 이를 감지하여 원곡에 맞는 정확한 키와 템포로 자동 조정한다. 이 과정을 통해 보컬과 반주 사이의 조화가 이루어지고, 결과물은 더욱 자연스러워진다(Thomas, 2022).

2023년 '브루노 마스(Bruno Mars)'의 목소리로 부르는 '뉴진스(NewJeans)'의 히트곡 〈하입보이(Hype Boy)〉는 'RVC(Retrieval-based Voice Conversion)' 기술을 사용하여 제작되었다. RVC는 약 10분의 오디오 샘플로도 가수의 음색을 모방할 수 있어 최근 유튜브에서 AI 커버 음악 제작에 널리 활용되고 있는 기술이다. '음색(timbre)'과 '발화 방식(articulation)'을 분리하여 처리함으로써 원곡의 멜로디와 리듬은 그대로 유지하면서 목소리의 특성만 변환한다(Patel et al., 2025). 그러나 이러한 기술적 정교함에도 브루노 마스 특유의 감정 표현과 무대 에너지, 그리고 그의 음악적 배경에서 비롯되는 분위기는 완벽히 재현하지 못했다는 평가도 있다.

남덴마크 대학의 미시라(Mishra) 연구팀은 '불쾌한 골짜기(Uncanny Valley)' 현상을 음악 수용에 적용했다. 불쾌한 골짜기(부키미노타니: 不気味の谷)란 로봇이나 인공지능이 인간과 매우 비슷해질 때 느껴지는 불편함이나 거부감을 설명하는 모리 마사히로(森政弘) 교수의 이론이다(Mishra, 2022).

2022년, 미시라 연구팀은 참가자들에게 동일한 노래의 인간 가수 버전과 AI 생성 버전을 들려주고 반응을 측정했다. 뇌파 측정(EEG) 결과, AI 음성이 인간과 약 80~90% 유사할 때 참가자들은 오히려 더 불편함을 느꼈다. "거의 비슷하지만 어딘가 어색하다", "진짜 같으면서도 진짜가 아닌 느낌이 불편하다"는 반응이었다. AI 음성이 인간과 매우 유사하지만 완전히 같지는 않을 때 이용자가 느끼는 미묘한 이질감이 거부감을 유발한 것이다. 이는 AI 커버 음악이 기술적으로 정교해질수록, 오히려 인간과의 미묘한 차이에서 오는 이질감 때문에 정서적 거부감이 커질 수 있음을 시사한다.

음악 수용 경험의 핵심은 정서적 연결에 있다. 독일 마르틴루터 대학의 정신분석 연구가 바르치(Anne Bartsch)와 비호프(Reinhold Viehoff)는 엔터테인먼트(미디어) 소비에서 정서적 만족감과 공감이 중요한 역할을 한다고 강조한다(Bartsch et al., 2008). 이들에 따르면 일반 커버 음악은 '쾌락적(hedonic)', '내러티브적(narrative)', '반성적(reflective)' 등 세 가지 감정적 차원에서 만족감을 제공할 수 있다. 이러한 정서적 만족감의 차원은 AI 커버 음악 수용 경험에도 적용이 가능하다. AI 커버 음악은 주로 기술적 신기함에서 오는 쾌락적 만족감에 국한되는 경향을 보인다. 특히 '반성적' 차원의 감정적 만족, 가령 가수의 의도와 해석에 대한 공감과 사색은 인간 아티스트의 예술적 의도가 담긴 커버에서 더 강하게 나타난다(Bartsch & Viehoff, 2010). 즉, 일반 커버 음악은 인간 아티스트의 해석과 감정 표현을 통해 청취자에게 감동과 공감을 불러일으키지만, AI 커버 음악은 주로 기술적 호기심과 신기함을 자극하되 깊은 정서적 공명을 이끌어 내기는 쉽지 않다.

2020년 배우 조정석은 tvN 드라마 〈슬기로운 의사생활〉에서 부른 커버 음악으로 음원 차트 1위에 오르는 기염을 토했다. 그가 부른 〈아로하〉는 원곡 가수 '쿨'과는 완전히 다른 감성으로 재해석되었는데, 아이러니하게도 원곡보다 오히려 더 큰 사랑을 받았다.

조정석의 〈아로하〉는 원곡의 댄스 팝 장르와 달리 어쿠스틱 기타 중심의 포크 스타일로 편곡했다. 보컬도 원곡의 화려한 창법 대신 드라마 속 캐릭터의 감정을 담은 서정적인 표현으로 재해석했다. 특히 드라마 〈슬기로운 의사생활〉에 등장하는 의대 동기들로 구성된 밴드 활동과 연결되어, 음악이 가진 감정적 깊이는 더욱 강화되었다. 이처럼 인간 아티스트의 커버는 단순한 목소리를 바꾸는 기술적인 작업이 아니다. 원곡에 새로운 해석을 더하고, 개인의 감성과 이야기까지 담아내는 '창작' 그 자체다(김지원, 2020). 조정석의 커버 음악이 성공할 수 있었던 이유도 조정석이 자신만의 감성과 드라마 속 캐릭터의 상황을 곡에 녹여 내어 청취자들에게 새로운 정서적 경험을 제공했기 때문이다(Riya, 2020).

2020년, 소향이 부른 〈첫눈처럼 너에게 가겠다〉 역시 많은 이들에게 깊은 인상을 남긴 커버 음악이다. 원곡 가수 에일리와는 또 다른 감성으로 곡을 재해석하며, 전혀 다른 분위기와 감동을 만들어 낸 것이다. 특히 JTBC 〈비긴어게인 코리아〉를 통해 소향 특유의 섬세한 보컬과 감정 표현으로 청중의 마음을 사로잡았고, 원곡과는 또 다른 울림을 주었다는 호평을 받았다.

이처럼 정서적 연결에서의 차이는 우리가 음악을 듣는 방식과 목적에도 영향을 미친다. 일반 커버 음악은 공연이나 음악 프로그램, 혹은 독립된 앨범 트랙으로 발매되어 그 자체로 완성된 음악 작품으로 소비된다. 그 자체로 완성도 있는 창작물로 인정받는 셈이다.

반면 AI 커버 음악은 대부분 유튜브나 사회관계망서비스(SNS) 같은 플랫폼을 통해 소개된다. "이런 것도 가능하구나" 하는 기술적 호기심이나 신기함이 중심이 되다 보니, 그 감상도 일회적인 관심에 머무르는 경우가 많다. 예술 작품으로서 오래도록 기억되기보다는, 잠깐의 화제성을 중심으로 소비되는 경향이 짙은 것이다.

## 저작권 인식과 윤리적 수용의 차이

그렇다면 저작권에 대한 인식은 우리가 음악을 소비하는 데 어떤 영향을 미칠까? 결론부터 말하자면, 저작권에 대한 인식은 음악을 듣고 선택하는 데 영향을 주는 것이 분명하다. 연구에 따르면, 저작권 인식이 높은 사람일수록 합법적인 경로를 통해 음악을 이용하려는 경향이 강하다(이수범 · 김지은, 2009).

이러한 경향은 AI 커버 음악처럼 저작권 경계가 모호한 콘텐츠에서 더욱 뚜렷하게 나타난다. 어떤 사람에게는 기술의 재미와 편리함이 먼저 눈에 들어오겠지만, 또 다른 사람에게는 원작자에게 정당한 권리가 돌아가는 건지에 대한 윤리적 질문이 먼저 떠오를 수 있다. 윤리적 인식의 차이가 AI 커버 음악을 받아들이는 태도에도 큰 영향을 미치는 셈이다.

영국 사우샘프턴 대학의 고팔(Ram Gopal) 교수도 디지털 음악 소비에서 도덕적 요인을 강조한다. 그는 불법 복제나 윤리적 논란이 있는 콘텐츠를 이용할 때 일종의 '도덕적 비용(moral cost)'을 느낄 수 있으며, 이것이 소비 행동에 영향을 준다고 설명한다(Gopal, 2004). 이 관점은 AI 커버 음악에도 적용될 수 있다. 원아티스트의 동의 없이 음색을 모방한다는 점에서, 콘텐츠 수용에 불편함을 야기할 수 있다.

AI 커버 음악을 들으면서 아티스트의 권리 침해 가능성에 대한 불안감이나 죄책감을 느낀다면, 이는 음악 감상의 즐거움과 몰입을 방해하는 요소로 작용한다. 물론 합법적인 절차를 거친 일반 커버 음악은 이러한 윤리적 부담 없이 순수하게 음악적 경험에 집중할 수 있다.

국내에서도 콘텐츠의 윤리적 생산과 소비에 대한 인식이 이용 의도에 유의미한 영향을 미친다는 연구 결과가 나오고 있다(최믿음 외, 2012). 디지털 시대의 소비자들은 단순히 콘텐츠의 품질이나 접근성뿐만 아니라 그 콘텐츠가 어떻게 생산되었는지, 창작자의 권리가 제대로 보호되고 있는지에 대해서도 관심을 가지고 있다는 얘기다.

일반 커버 음악은 주로 음반사, 공연장, 방송사 등 전통적인 음악 산업의 플랫폼을 통해 제작되고 유통된다. 이런 공식 채널은 저작권 준수는 물론 적절한 보상 체계를 갖추고 있어, 콘텐츠의 합법성과 공식성을 보장한다. 특히 음원 스트리밍 서비스나 음반사들은 커버 음악에 대한 저작권 관리와 수익 분배 시스템을 구축해 원작자와 커버 아티스트 모두가 공정한 보상을 받을 수 있도록 하고 있다. 반면, AI 커버 음악은 주로 유튜브, 틱톡, 인

스타그램 같은 소셜 미디어 플랫폼을 중심으로 비공식적으로 전파된다. 이러한 플랫폼은 사용자 생성 콘텐츠(UGC)에 대한 규제가 상대적으로 느슨하기 때문에 저작권 침해 여부를 판단하기 어려운 AI 커버 콘텐츠가 쉽게 유통될 수 있다.

이탈리아 사피엔자 대학의 세자레오(Ludovica Cesareo)와 파스토레(Alberto Pastore)의 연구 역시 음악 소비에서 도덕적 판단은 합법적 서비스 이용 의도와 밀접한 관련이 있음을 실증적으로 밝히고 있다(Cesareo & Pastore, 2014). 불법 음원 소비에 대해 도덕적 거부감을 느낄수록 이용자들은 구독형 음악 서비스와 같은 합법적 채널을 선호하는 경향이 있다는 것이다. 이는 역으로 만약 AI 커버 음악의 저작권 문제가 명확히 해결된다면, 이용자들의 윤리적 불편함이 줄어들고 콘텐츠 수용도가 높아질 수 있음을 의미한다.

## 창의성과 예술적 가치 인식의 차이

창의성 연구자들에 따르면 소비자들은 제품이나 콘텐츠의 창의성을 평가할 때 '독창성(originality)'과 '유용성(usefulness)'이라는 두 가지 핵심 차원을 고려한다(Im et al., 2015). 이러한 평가 기준의 차이는 두 유형의 커버 음악에 대한 청취자들의 기대와 수용 태도에도 적용된다. 일반 커버 음악에 대해서는 얼마나 창의적으로 원곡을 재해석했는지, 얼마나 감동적인 새로운 표현을 담아냈는지가 주요 평가 기준이 된다. 그러나 AI 커버 음악에 대해서는 얼마나 정확하게 원가수의 음색과 창법을 '모방'했는지, 기술적으로 얼마나 정교한 결과물인지가 우선적으로 고려된다.

조금 다르게 '참신성(novelty)'의 관점에서 바라보기도 한다(Marques et al., 2013). AI 커버 음악과 일반 커버 음악에서의 참신성은 본질적으로 다르다. 일반 커버 음악의 참신성은 인간 아티스트의 독창적 해석과 예술적 용기에서 비롯되는 반면, AI 커버 음악의 참신성은 주로 기술적 가능성의 탐색과 이색적인 조합에 초점이 맞춰진다.

예를 들어, 음악 예능 프로그램 〈복면가왕〉에서는 가수들이 전혀 다른 장르의 곡을 자신만의 스타일로 재해석하는 시도가 큰 호응을 얻는다. 록 가수가 트로트를 부르거나, 클래식 성악가가 힙합을 재해석하는 등의 장르 간 경계를 허무는 창의적 도전이 프로그램의 주요 매력 포인트다. 이러한 참신한 시도는 음악적 경계의 확장과 새로운 예술적 가능성 탐색이라는 가치로 종종 승화되

곤 한다.

반면 AI 커버 음악에서 참신성은 주로 "이런 조합도 가능하다"는 실험적 수준에 그치는 경우가 많다. "만약 마이클 잭슨이 BTS의 노래를 불렀다면?", "퀸의 프레디 머큐리가 아이유의 곡을 커버한다면?" 같은 가상의 시나리오를 기술적으로 구현하는 정도다. 이러한 접근은 당연히 일시적인 호기심을 끌 수는 있지만, 깊은 예술적 의미나 문화적 가치를 창출하기는 어렵다.

한 연구에 따르면, 이용자들은 동일한 음악이라도 AI가 작곡했다고 믿을 때 인간이 작곡했다고 믿을 때보다 낮게 평가하는 경향을 보인다(Hong et al., 2022). 청취자들은 음악을 단순한 소리의 배열이 아닌, 감정과 경험, 그리고 예술적 의도가 담긴 창작물로 인식하기 때문에, 그 배후에 인간 창작자의 존재를 중요하게 여기는 경향이 있다. 이러한 인식 차이는 AI 커버 음악의 수용에도 영향을 미칠 가능성이 크다.

창의성과 예술적 가치에 대한 인식의 차이는 콘텐츠의 문화적 맥락과 지속성에도 영향을 미칠 수밖에 없다. 일반 커버 음악은 음악 문화의 역사적 연속성 속에서 나름의 역할을 해 왔다. 새로운 세대의 아티스트가 이전 세대의 음악을 재해석함으로써 음악적 유산을 계승하고,

동시에 현대적 감성으로 갱신한다. 〈불후의 명곡〉에서 젊은 아티스트들이 과거의 명곡을 현대적으로 재해석할 때, 그것은 단순한 기술적 모방이 아니라 음악적 전통을 존중하면서도 현대적 감성으로 확장하는 창의적 작업이다. 이를 통해 원곡은 새로운 세대에게 소개되고, 음악적 유산은 살아 있는 문화로 자리매김한다.

인지적 평가 이론에 따르면, 감정적 반응은 상황에 대한 인지적 평가에서 비롯된다(Smith & Ellsworth, 1985). AI 커버 음악과 일반 커버 음악을 평가할 때, 창작 과정의 진정성, 예술적 의도, 인간적 노력에 대한 인식은 다를 수밖에 없고, 이는 상이한 감정적 반응과 수용 태도로 이어진다. 일반 커버 음악은 인간 아티스트의 창의적 노력과 예술적 의도가 담긴 작품으로 인식되어 더 깊은 감정적 반응과 공감을 불러일으킨다. 반면, AI 커버 음악은 알고리즘의 기술적 결과물로 인식되어 상대적으로 표면적인 호기심과 놀라움에 그치는 경우가 많다.

기술 수용에서 '유희적 동기(hedonic motivation)'의 중요성을 강조하는 연구도 있다(Venkatesh et al., 2012). 즐거움을 위한 기술 사용 동기는 수용 의도에 강한 영향을 미치는데, 음악 감상에서 이 유희적 요소는 감정적 공감과 예술적 가치 인식에 기반한다. 따라서 예술적 가치를 인정받는 일반 커버 음악이 기술적 실험으로 인식되는 AI 커버 음악보다 더 지속적인 유희적 가치를 제공할 가능성이 크다.

이러한 차이는 장기적인 문화적 영향력과 지속성에도 영향을 미친다. 성공적인 인간 커버 음악은 원곡과 마찬가지로 지속적인 사랑을 받는 경우가 많다. 이는 그 안에 담긴 예술적 해석과 인간적 감성이 청취자들에게 의미 있는 경험을 제공하기 때문이다. 반면 AI 커버 음악은 주로 '기술적 신기함'에 의존하기 때문에, 기술이 발전하고 더 새로운 AI 실험이 등장함에 따라 그 가치와 관심도가 급격히 감소할 수 있다. AI 커버 음악이 지속적인 문화적 자산으로 자리 잡기보다는, 기술 발전의 과도기적 산물로 인식될 수 있음을 시사하는 대목이다.

## 참고문헌

김지원(2020). "[Q차트] '상상도 못한' 1위… 조정석 '아로하' – 장덕철 '그대만이'". 스포츠Q. https://www.sportsq.co.kr/news/articleView.html?idxno=412882

이수범·김지은(2009). "청소년의 저작권에 대한 인식과 이용 동기가 음악 콘텐츠 구매의도에 미치는 영향에 관한 연구".

《문화산업연구》, 9(2), 121~138쪽.
최민음 외(2012). “대학생들의 종합일간지유료 온라인 뉴스 콘텐츠 이용의도에 관한 연구: 뉴스 콘텐츠 저작권 및 유료화 인식, 뉴스가치평가, 확장된 계획행동이론 변인을 중심으로”. 《한국언론학보》, 56(1), 340~363쪽.
Bartsch, A. & Viehoff, R.(2010). The use of media entertainment and emotional gratification. *Procedia-Social and Behavioral Sciences, 5*, pp.2247~2255.
Cesareo, L. & Pastore, A.(2014). The consumers' choice: Illegal music downloads vs. subscription-based music services. X Convegno della Società Italiana di Marketing.
Ciaburro, G. & Venkateswaran, B.(2017). *Neural Networks with R: Smart models using CNN, RNN, deep learning, and artificial intelligence principles.* Packt Publishing Ltd.
Gopal, R. D. et al.(2004). A behavioral model of digital music piracy. *Journal of organizational computing and electronic commerce, 14*(2), pp.89~105.
Gursoy, D. et al.(2019). Consumers acceptance of artificially intelligent (AI) device use in service delivery. *International Journal of Information Management, 49*, pp.157~169.
Hong, J. W. et al.(2022). Human, I wrote a song for you: An experiment testing the influence of machines' attributes on the AI-composed music evaluation. *Computers in Human Behavior, 131*, 107239.
Im, S. et al.(2015). Consumer perceptions of product creativity, coolness, value and attitude. *Journal of Business Research, 68*(1), pp.166~172.
Institute of Applied Information Technology (ZHAW). (2019). A Survey on Voice Conversion using Deep Learning. ZHAW

School of Engineering.
https://www.zhaw.ch/storage/engineering/institute-zentren/cai/VT217_Asurveyonvoiceconversionusingdeeplearning.pdf

Marques, A. et al.(2013). Exploring the relation between novelty aspects and preferences in music listening. *Proc. ISMIR*.

Menon, V. & Levitin, D. J.(2005). The rewards of music listening: response and physiological connectivity of the mesolimbic system. *Neuroimage, 28*(1), pp.175~184.

Mishra, N. et al.(2022). Uncanny valley for interactive social agents: An experimental study. *Virtual Reality & Intelligent Hardware, 4*(5), pp.393~405.

Ning, Y. et al.(2019). A review of deep learning based speech synthesis. *Applied Sciences, 9*(19), 4050.

Patel, A. K., et al.(2025). Real-Time Voice Cloning: Artificial Intelligence to Clone and Generate Human Voice. In N. Hasteer, C. et al.(Eds.), Intelligent Solutions for Smart Adaptation in Digital Era. InCITe 2024 (Lecture Notes in Electrical Engineering, Vol. 1278, pp. 349~364). Springer, Singapore.

Fišer, N, et al. (2025) Emotional impact of AI-generated vs. human-composed music in audiovisual media: A biometric and self-report study. PLoS One 20(6), https://doi.org/10.1371/journal.pone.0326498

Reybrouck, M. et al.(2021). Neural correlates of music listening: Does the music matter?. *Brain Sciences, 11*(12), 1553.

Riya, C.(2020). K-OST Review: 'Aloha' by Jo Jung-suk. Hallyuism.
https://hallyuism.com/2020/07/08/k-ost-review-aloha-b

y-jo-jung-suk/#google_vignette

Sahai, A. et al.(2019). Spectrogram feature losses for music source separation. *2019 27th European Signal Processing Conference (EUSIPCO)*, pp.1~5.

Smith, C. A. & Ellsworth, P. C.(1985). Patterns of cognitive appraisal in emotion. *Journal of personality and social psychology, 48*(4), p.813.

Thomas, A.(2022). Digital vocal editing, plug-ins and the fetishism of voice and technology in 21st-century Western commercial popular music production. Doctoral dissertation, University of Oxford.

Venkatesh, V. et al.(2012). Consumer acceptance and use of information technology: extending the unified theory of acceptance and use of technology. *MIS quarterly, 36*(1), pp.157~178.

Zhao, Y. et al.(2018). Wasserstein GAN and waveform loss-based acoustic model training for multi-speaker text-to-speech synthesis systems using a WaveNet vocoder. *IEEE access, 6*, pp.60478~60488.

## 05
## 버클리 음대의 AI 커버 음악 정규 커리큘럼

버클리 음악대학은 전통적인 음악 교육을 넘어 AI 기술을 적극적으로 교육과정에 통합하며 변화를 선도하고 있다. 'AI 음악 오디오 프로그래밍(AI for Music and Audio)' 과정과 '인공지능 기초(Artificial Intelligence Foundations)' 강좌를 통해 학생들은 AI 음악 기술의 핵심 원리와 응용법을 배운다. 버클리 음대의 교육 체계는 미래 음악 교육의 방향성을 일정 부분 가늠할 수 있게 한다.

AI와 아이돌?

## 버클리 음대의 현대적 교육 체계와 전공 구조

1945년에 설립된 버클리 음악대학은 주지하다시피 "겉모습이 아니라 진정으로 존재하기 위해(To be, rather than to seem)"라는 모토 아래 재즈와 현대 대중음악에 중점을 둔 실용적인 음악 교육을 제공하는 것으로 유명하다. 미국 매사추세츠주 보스턴에 위치한 이 대학은 전통적인 음악 교육을 넘어 현대적이고 실용적인 음악 교육을 선도해 왔고, 최근에는 기술과 음악의 융합에 주목하고 있다.

버클리 음악대학의 커리큘럼 중에서 특히 주목할 만한 것은 현대 기술과 음악의 융합을 다루는 전공들이다. 예를 들어, '전자음악 제작 및 디자인(Electronic Production and Design, EPD)' 전공은 전자음악, 사운드 디자인, 프로그래밍을 중점적으로 교육한다. '음악 프로덕션 및 엔지니어링(Music Production and Engineering, MPE)' 전공은 녹음, 믹싱, 마스터링 등 음악 프로덕션과 엔지니어링에 초점을 맞춘다.

또한, 버클리 음악대학은 부전공으로도 기술과 관련된 다양한 분야를 제공하고 있다. 비디오 게임 사운드 디자인, 컴퓨터 프로그래밍, 음악 기술, 비디오 게임 음악 작곡, 뉴 미디어 등의 부전공은 학생들이 기술적 역량을 보완하고 확장할 수 있는 기회를 제공한다. 이러한 다양한 전공과 부전공의 조합을 통해 버클리 음악대학은 현대 음악 산업의 다양한 수요에 대응할 수 있는 융합형 인재를 양성하는 데 기여하고자 한다.

최근 버클리 음악대학은 인공지능과 같은 최신 기술을 교육과정에 통합하고 있다. 특히 온라인 버클리(Berklee Online)에서는 최근 'AI 음악 오디오 프로그래밍(AI for Music and Audio)'라는 4주 과정을 개설했다. 이 과정은 버클리 음악대학 교수이자 기타리스트, 프로듀서인 카를로스 아라나(Carlos Arana) 박사가 강의하는 이 과정에서, 학생들은 AI의 핵심 원리와 음악 및 오디오 분야에서의 다양한 응용 방법을 배울 수 있다.

또한 버클리 음악대학은 '인공지능 기초(Artificial Intelligence Foundations)' 과정도 제공하고 있다. 이 과정은 기계 학습, 신경망, 자연어 처리와 같은 기본적인 AI 개념에 대한 탄탄한 기초를 확립하고, 비즈니스와 사회에 미치는 AI의 광범위한 영향을 탐구한다. 특히 이 과정은 최근 음악 산업에서 주목받고 있는 AI 커버 음악의 상업적 가능성과 저작권 문제에 대한 이해를 깊이 있게 다룸으로써 윤리적 · 법적으로 안전한 방식으로 AI 기술을 활용할 수 있도록 교육한다.

버클리 음악대학은 여기서 멈추지 않고 2023년부터 AI 커버 음악에 특화된 정규 커리큘럼을 본격적으로 도입하기 시작했다. 'AI 작곡 및 커버 음악 제작(AI Composition and Cover Music Production)' 과정은 EPD(Electronic Production and Design) 전공과 음악기술 부전공 학생들을 위한 핵심 과목으로 자리 잡았다. 이 과정은 다음과 같이 세 모듈로 구성되어 학생들이 AI 기반 음악 도구와 기술을 심도 있게 이해하고 활용할 수 있도록 한다.

'AI 음성 합성 및 보컬 처리' 모듈에서는 AI를 활용한 보컬 생성 기술의 원리와 한계, 그리고 이를 활용한 창의적 표현 방법을 탐구한다. 학생들은 수노 AI(Suno AI), 우디오(Udio), 신시사이저 V(Synthesizer V), 오디오크래프트(Audiocraft)와 같은 최신 AI 음성 합성 도구를 통해 기존 가수의 목소리를 분석하고, AI 모델을 통해 그 특징을 재현하는 방법을 배우며, 이 과정에서 발생하는 윤리적 문제와 저작권 이슈에 대해서도 심도 있게 논의한다.

'음악 스타일 변환 및 재해석' 모듈에서는 레이브(RAVE), 스테이블 오디오(Stable Audio), 오디오LDM(AudioLDM)과 같은 AI 기반 음악 변환 도구를 사용하여 클래식 곡을 재즈로 변환하거나, 팝 음악을 일렉트로닉 댄스 음악(EDM)으로 재해석하는 등의 실습을 진행한다. 이때 원곡의 본질적 요소를 유지하면서도 새로운 창의적 해석을 더하는 방법에 중점을 둔다.

마지막으로 'AI 커버 음악의 상업화 및 권리 관리'에서는 AI로 생성된 커버 음악의 상업적 활용과 관련된 법적, 비즈니스적 측면을 다룬다. 학생들은 음악 저작권법, 기계적 라이선스(mechanical license, 커버 음악을 생성, 복제, 샘플링하기 위해 다른 당사자에게 라이선스를 제공하는 것), 공연권(performance rights), 디지털 스트리밍 로열티(음악이 스트리밍될 때 플랫폼이 권리자에게 지급하는 수익 배분금) 등 복잡한 권리 구조를 이해하고, AI 커버 음악이 이러한 체계 내에서 어떻게 위치하는지 학습한다. 또한 AI 생성 콘텐츠에 대한 최신 법적 판례와 산업 동향을 분석하며, 실제 AI 커버 음악을 상업적으로 출시하는 전체 과정을 시뮬레이션한다.

이 과정의 특별한 점은 산업 전문가들과의 협업을 통한 실무 중심 학습에 있다. 버클리 음악대학은 소니 뮤직, 유니버설 뮤직 그룹, 스포티파이와 같은 주요 음악 기업들과 파트너십을 맺고, 현업에서 활동 중인 AI 음악 전문가들을 강사로 초빙한다. 이를 통해 학생들은 이론적 지식을 넘어 실제 산업에서 AI 커버 음악이 어떻게 활용되고 있는지 직접 배울 수 있다.

또한 'AI 음악 윤리와 창작자 권리(AI Music Ethics and Creator Rights)' 과정은 AI 커버 음악과 관련된 윤리적, 법적 문제를 심층적으로 다루는 고급 과정이다. 이 과정에서는 AI 기술이 창작자, 음악 실연자, 프로듀서에 미치는 영향을 분석하고, AI가 생성한 음악에 대한 저작권 귀속 문제, 원작자의 권리 보호, AI 기술의 책임 있는 사용에 대한 가이드라인을 탐구한다. 아울러 이 과정에서는 음악 산업의 주요 단체들과 협력하여 개발된 'AI 음악 윤리 헌장(AI Music Ethics Charter)'을 학습하고, 학생들이 직접 AI 커버 음악 프로젝트를 수행하면서 이 헌장의 원칙을 적용해 보는 기회를 제공한다. 이를 통해 학생들은 기술적 역량뿐만 아니라 윤리적 감수성과 법적 이해도 겸비한 책임 있는 음악 전문가로 성장할 수 있다.

## 버클리 음대 출신에 의한 국내 AI 커버 음악

한국에서는 메타빌드(MetaBuild), 칠로엔(Chiloen), 크리에이티브마인드(CreativeMind)와 같은 기업들이 버클리 음대와 협력하여 AI 음악 프로듀싱 플랫폼을 개발하고 있다. 이 플랫폼은 가사나 장르, 분위기, 간단한 레퍼런스 음악을 입력하면, 사용자가 원하는 멜로디를 실시간으로 작곡하고, 다양한 악기와 소리 샘플을 활용해 반주를 믹싱하며, 생성된 음악에 적합한 보컬을 합성할 수 있는 기능을 제공한다.

특히 칠로엔은 버클리 음대 출신인 조성인 대표가 설립한 AI 작곡 전문 스타트업으로, 같은 학교 출신의 실력파 작곡가가 AI와 음악을 융합한 프로듀싱 및 창작 활동을 하고 있다. 칠로엔은 전문 음악 이론과 작곡 능력을 활용해 다양한 음색의 AI 음악을 창작하는 한편, 'AI 작곡 서비스 키닛(Keeneat)'을 개발하여 주목받고 있다(방은주, 2023).

키닛은 크리에이터(콘텐츠 제작자)를 위한 배경음악 생성 서비스로, 음악의 길이, 분위기, 모티브 키, 템포, 분위기, 감정, 악기, 연주 스타일 등을 선택하면 수십 가지 이상의 사용자의 기호에 맞는 음악을 빠르고 쉽게 생성할 수 있다. 1분 길이 음악은 약 10초, 3분짜리 음악은 30초 정도면 작곡할 수 있다.

칠로엔은 키닛 외에도 폴리토닉(학생과 교육 기관용 작곡 에듀테크 서비스), 음원 제작 레이블(작곡 AI를 접목한 IP 콘텐츠), 키니 뮤직(맞춤형 매장 음악 스트리밍 서비스) 등의 서비스를 운영하며 다양한 분야로 서비스 확장을 모색하고 있다.

AI 커버 음악 기술의 또 다른 주요 응용 분야는 화성 편곡이다. 대중음악 화성 편곡(화음과 코드를 구성하고 배열하는 과정)에 활용되는 인공지능 기술을 활용하면 쉽게 편곡이 가능하다.

## AI 음악 기술과 음악 교육의 융합: 미래 전망

인공지능 음악 생성기의 발달에 따라 AI 음악 커버와 같은 음악 창작에 관한 지식과 방법이 변화하고 있는 현 상황에서, 학교 음악 교육의 대응 방향을 찾는 연구가 활발히 진행되고 있다. 예를 들어, 서울대학교 융합과학기술대학원의 이교구 교수는 음악을 이해하고 인간적 감성까지 표현하고 창작하는 AI를 연구하고 있다(Seoul National University, 2024).

다만 인공지능 음악 생성기를 활용하기 위해서는 기본적으로 장르, 무드, 음악 요소 등에 대한 기초적인 지식이 필요하며, 이에 따른 근본적인 교육과정 개편이 필요하다는 지적도 있다. 특히 인공지능 음악 생성기를 활용하는 음악 창작 교육과정은 현재 음악 교육이 추구하는 자기 주도성이나 상상력을 기를 수 있는 구조를 가져야 할 것이다. 미래의 음악 교육은 전통적인 음악 이론과

실기 교육의 기반 위에, AI와 같은 최신 기술을 통합하여 더욱 풍부하고 다양한 음악적 경험을 제공하는 방향으로 발전해 나갈 것으로 전망된다.

## 참고문헌


방은주(2023). "칠로엔 "AI가 작곡한 5만곡 다음달 상용서비스"". ZDNet Korea. https://zdnet.co.kr/view/?no=20230919083532

Berklee. Accreditation. https://www.berklee.edu/institutional-assessment/accreditation

Berklee. Artificial Intelligence Foundations MB-457. https://college.berklee.edu/courses/mb-457

Berklee. Berklee College of Music Undergraduate Programs. https://college.berklee.edu/undergraduate/berklee-boston

Berklee. Graduate Programs. https://www.berklee.edu/graduate

Berklee. Your First Year at Berklee. https://college.berklee.edu/admitted-undergraduate/your-first-year

Bush, A.(2017). Applications for the CJ Cultural Foundation Presidential Scholarship at Berklee Due January 15. Berklee News. https://www.berklee.edu/news/cj-cultural-foundation-presidential-scholarship-berklee

CJ Cultural Foundation(2022). Boston Conservatory Announces New K-Pop Dance Course and KCON Convention Performance. Boston Conservatory at Berklee.

https://bostonconservatory.berklee.edu/news/boston-conservatory-announces-new-k-pop-dance-course-and-culminating-performance-at-the-2022-kcon-convention

Houser, K.(2023). A Pink Floyd song was reconstructed from listeners' brain waves. Freethink. https://www.freethink.com/hard-tech/bcis

Seoul National University(2024). Professor Kyogu Lee from the GSCST Named one of the 100 Most Influential People in AI by TIME. https://en.snu.ac.kr/snunow/snu_media/news?md=v&bbsidx=149338

# 06
# AI 커버 음악과 라이선스

AI 커버 음악은 데이터 사용, 2차적 저작물 창작, 수익화 과정에서 다양한 법적 문제를 야기한다. 특히 가수의 목소리와 관련해 음성권과 퍼블리시티권 침해 논란이 제기된다. 이에 대해 각국의 법원과 음악 플랫폼, 레이블사들은 상이한 인식을 드러내고 있다.

AI와 야구?

## AI 커버 음악과 저작권 침해 유형

AI 커버 음악은 저작권과 관련된 여러 문제를 안고 있다. 「저작권법」 제2조 1항에 따르면, '저작물'은 "인간의 사상 또는 감정을 표현한 창작물"로 정의된다. 저작물이 인간의 창의적 활동에서 비롯되어야 한다는 인간 중심적 관점을 반영하고 있는 것이다. 이런 관점에서 AI 커버 음악은 세 가지 주요 저작권 침해 문제가 발생할 수 있다(박명순 · 김현경, 2020; 한국저작권보호원, 2024).

첫째, 학습 데이터 문제다. AI를 학습시키기 위해 사용되는 원곡들은 대부분 저작권이 있다. 「저작권법」은 저작권자에게 자신의 작품을 복제, 배포, 공연, 방송, 전시, 전송할 수 있는 독점적 권리를 부여한다. 따라서 저작권자의 허락 없이 이러한 음원을 AI 학습에 사용하는 것은 분명 저작권 침해 소지가 있다(이나라, 2023). 음악 AI는 방대한 양의 학습 데이터를 필요로 한다는 점에서 더욱 문제가 될 수 있다. 학습 데이터로 사용되는 음원의 양이 방대할수록 AI가 생성한 음성의 품질은 좋아지겠지만, 동시에 더 많은 저작권 문제가 발생할 소지가 다분하다.

AI 학습 데이터로 저작물을 사용하는 것이 '공정 이용(fair use)'에 해당하는지에 대한 논쟁이 세계 각국에서 진행 중이다. 공정 이용이란 저작권이 있는 작품을 저작권자의 허락 없이 사용할 수 있는 법적 원칙을 말한다. 미국에서는 교육, 연구, 비평, 패러디 등 제한된 목적으로 저작물을 사용하는 것을 '공정 이용'으로 인정하지만, 상업적 목적의 AI 학습에 대해서는 법적 판단이 명확하지 않다(염현철, 2024). 국내의 경우도 「저작권법」 제35조의 5에서 '공정 이용'을 규정하고 있으나, 아직까지 AI 학습 데이터의 사용에 대한 명확한 기준은 없다.

둘째, 2차적 저작물 권리의 침해 문제다. 「저작권법」은 2차적 저작물을 '원저작물을 번역, 편곡, 각색 등의 방법으로 작성한 창작물'로 규정하고 있다. 이에 따르면 저작자는 자신의 저작물을 원작 그대로 이용할 권리뿐만 아니라, 이를 변형하여 2차적 저작물을 작성할 권리도 가진다.

AI가 생성한 커버 음악은 원곡의 멜로디, 가사 등을 차용하므로 2차적 저작물에 해당할 수 있다. 이를 활용 또는 배포하기 위해서는 원저작권자의 허락이 필요하다는 얘기다. 이에 앞서 원칙적으로 2차적 저작물은 원저작자의 허락 없이는 합법적으로 제작될 수 없다. 따라서 AI 커버 음악은 원저작자의 2차적 저작물 작성권을 침해할 가능성이 농후하다(오상진, 2024). 특히 AI 커버 음악이 상업적으로 이용될 경우, 이러한 저작권 침해 문제는 더욱 심각해질 수 있다.

셋째, 수익화의 문제다. 유튜브 등에서 AI 커버 음악으로 수익을 창출할 경우, 정작 원저작권자에게는 적절한 보상이 이루어지지 않는 문제가 발생한다. 유튜브는 '콘텐츠 ID 시스템'을 통해 음악 저작권을 보호하고 있다고 밝히고 있다. 저작권 문제를 자동으로 감지하고 관리하기 위한 시스템인 콘텐츠 ID는 업로드된 영상의 오디오 및 비디오 요소를 스캔하여 저작권 보호 콘텐츠와 일치하는지 확인한다. 만약 일치하는 콘텐츠가 발견되면, 저작권자는 해당 영상을 차단하거나, 영상을 그대로 두고 광고 수익을 가져가는 등의 조치를 취할 수 있다.

그러나 문제가 그리 간단하지는 않다. AI 기술을 통해 변형된 콘텐츠는 이러한 시스템을 얼마든지 우회할 수 있기 때문이다. 더욱이 AI 커버 음악은 보컬 부분을 크게 변형시키기 때문에, 콘텐츠 ID 시스템이 이를 감지하지 못할 가능성이 크다. 저작권자는 적절한 보상은커녕 자신의 작품이 AI 커버로 사용되고 있는지 알지조차 못하는 상황이 발생하기 쉽다는 얘기다(박명순 · 김현경, 2024).

## 실연권과 퍼블리시티권 침해 문제

「저작권법」상 가수의 목소리는 '저작물'로 인정되지 않는다. 그러나 '실연권(Rights of Performers)' 및 '퍼블리시티권'의 침해는 여전히 문제가 된다.

실연권은 가수나 연주자 고유의 특성이 담긴 목소리와 연주의 소리를 보장하는 권리다. 국내의 경우, 문화체육관광부는 음악 실연자의 권리 관리 및 저작인접권료 분배 업무를 음악저작인접권 신탁단체이자 보상금 수령 단체인 (사)한국음악실연자연합회에서 처리하도록 위임한다. 즉 가수나 연주자의 목소리적 표현도 독자적인 자산권(재산적 가치가 있는 권리)이 발생하는 것이다. 따라서 AI가 특정 가수의 목소리를 모방하는 것은 해당 가수의 실연권과 재산권을 침해할 개연성이 크다.

인격권 침해 소지도 다분하다. 목소리는 개인을 식별할 수 있는 중요한 요소이며, 무엇보다 가수에게는 자신의 음악적 정체성을 표현하는 핵심적인 수단이다. 따라서 AI가 특정 가수의 목소리를 무단으로 모방하여 사용하는 것은 해당 가수의 인격권을 침해하는 행위로 간주될 수 있다.

퍼블리시티권은 유명인의 이름, 초상, 음성 등 개인을 식별할 수 있는 특징을 상업적으로 사용할 권리다. 다시 말해 유명인이 자신의 명성과 대중적 인지도를 통해 경제적 이익을 얻을 수 있는 권리를 의미한다. 유명 아티스트의 음성은 고유한 브랜드 가치를 지니고 있어, 이를 무단으로 활용할 경우 아티스트의 경제적 이익을 침해할 여지가 크다. 따라서 AI 커버 음악에서 가수의 목소리를 무단으로 활용하는 것은 퍼블리시티권 침해에 해당할 소지가 다분하다.

퍼블리시티권은 미국을 중심으로 발전한 개념으로, 한국에서는 아직 명확한 법적 근거가 마련되어 있지 않다. 그러나 최근의 판례들은 유명인의 초상, 성명, 목소리 등에 대한 상업적 가치를 인정하고, 이를 무단으로 사용하는 행위를 제한하는 경향이다(한국법학원, 2023). 이러한 흐름을 고려할 때 AI 커버 음악에서의 무단 음성 사용 문제는 향후 중요한 법적 쟁점이 될 것으로 전망된다.

2024년, 세계적인 팝 디바 셀린 디옹(Celine Dion)은 자신의 목소리를 모방한 AI 커버 음악이 온라인에 유포되고 있다는 사실을 언급하며 팬들에게 주의를 당부했다. 그녀는 해당 곡들이 공식적인 승인 없이 제작·배포된 것이라고 지적하며, "AI 기술을 통해 아티스트의 목소리가 무단으로 복제되는 행위는 예술가의 인격권과 저작 인접권을 침해한다"라고 분개했다.

오늘날 AI 기술을 통한 음성 복제는 기술적으로 매우 정교해져, 일반인들이 진짜 목소리와 AI가 생성한 목소리를 구분하기 어려운 수준에 이르렀다. 딥페이크(Deepfake), 즉 인공지능 기술을 사용해 특정인의 외형이나 음성을 합성하여 만든 가짜 미디어 콘텐츠는 심각한 사회 문제로 떠오른 지 오래다. AI로 유명인의 목소리를 모방해 잘못된 정보를 전달하거나 명예를 훼손하는 등의 문제가 빈번하게 발생한다. 정치인의 목소리를 모방하여 거짓 발언을 유포하거나, 연예인의 목소리로 가짜 광고나 지지 메시지를 만들어 내기도 한다. 이는 개인의 명예와 평판에 심각한 피해를 줄 수 있으며, 대중의 신뢰를 훼손하고 사회적 혼란을 야기한다.

## 국가별 접근 방식과 산업 대응 동향

AI 커버 음악을 둘러싼 법적 해석은 국가별로 다른 양상을 보인다. 먼저 AI 기술을 활용한 창작 활동에 더 넓은 자유를 부여하는 입장에서 법적 논의를 살펴보자.

2024년 8월, 독일 베를린 법원은 "AI 커버가 원작의 시장성을 침해하지 않는다"며 UMG(유니버설뮤직그룹)의 삭제 요청을 기각하는 판결을 내렸다(Horak, 2025). 유럽연합(EU)의 '창의적 변형 공정 이용 원칙(creative transformative fair use)'을 적용했기 때문이다. AI 생성 콘텐츠가 원작과 충분히 차별화되고 새로운 창의적 가치를 창출한다면 저작권 침해가 아닐 수 있다는 해석이다.

이 판결에 따르면, AI 커버 음악이 원곡의 시장을 잠식하지 않고, 오히려 새로운 시장과 문화적 가치를 창출한다면, 이는 '공정 이용'의 범주에 포함될 수 있다. 이러한 해석은 AI 커버 음악이 원곡과는 다른 새로운 창작물로서의 가치를 인정받을 수 있음을 시사한다.

미국에서는 세라 앤더슨(Sarah Andersen), 켈리 매커넌(Kelly McKernan), 칼라 오르티즈(Karla Ortiz) 등이 포함된 예술가 집단이 AI 기반 이미지 생성 서비스 미드저니가 자신들의 창작물을 동의 없이 학습용 데이터로 사용함으로써 저작권법을 위반했다고 주장하며 법원에 소송을 제기한 바 있다(박찬, 2024).

미국 「저작권법」에서 '공정 이용' 여부는 저작물의 사용 목적과 성격, 저작물의 성질, 사용된 부분의 양과 중요성, 잠재적 시장이나 가치에 미치는 영향 등을 종합적으로 고려하여 판단한다(Copyrightalliance). AI 학습을 위한 데이터 수집과 사용이 이러한 기준에 부합하는지에 대해서는 아직 명확한 법적 기준이 확립되지 않았다(장홍성, 2024). 이로 인해 AI 개발자와 저작권자 간의 이해 충돌이 지속되고 있다.

유니버설 뮤직 그룹(UMG)은 12시간 만에 18,743건의 AI 커버 음악을 삭제하는 강경한 조치를 취했다(Rogers, 2024). 2024년 5월 틱톡과 체결한 'AI 콘텐츠 삭제 협약'을 확장 적용한 것이다. UMG는 AI 생성 음악이 자사 아티스트들의 독특한 창작 스타일과 음악적 정체성을 복제함으로써, 음악의 진정성과 가치를 훼손했다고 주장했다. 여기에 AI 커버 음악이 원곡의 시장을 잠식하고, 아티스트들의 경제적 이익을 침해할 수 있다는 점도 덧붙였다. UMG의 이러한 대응은 AI 커버 음악을 저작권 침해의 심각한 형태로 인식하고 있음을 상징적으로 보여 준다.

그러나 스포티파이(Spotify)의 대응은 사뭇 대조적이다. 스포티파이는 2023년 10월 'AI 생성 음악 태깅 시스템(Tagging System)'을 도입하는가 하면, 2025년 2월에는 'This Is Taylor Swift(테일러 스위프트의 음악을 집중적으로 소개하는 스포티파이의 플레이리스트)' 전시회에서 AI 창작 존(AI Creation Zone)을 별도 운영해 팬들이 테일러 스위프트의 11개 앨범 시대별 음색을 조합해 자신만의 AI 트랙을 제작할 수 있도록 지원했다.

이러한 접근은 AI 생성 콘텐츠를 금지하기보다는, 이를 명확히 표시하고 관리함으로써 저작권 문제를 해결하고 새로운 창작 형태를 수용하려는 시도라고 할 수 있다. 즉 사용자들이 AI 생성 콘텐츠임을 인식할 수 있게 하여 투명성을 높이는 동시에 AI 창작 존과 같은 공간을 통해 합법적이고 창의적인 AI 활용을 장려하는 균형 잡힌 접근 방식이다.

앞에서 세자레오(Ludovica Cesareo)와 파스토레(Alberto Pastore)의 연구를 소개했지만, 국내에서도 저작권 인식이 AI 커버 음악 수용에 미치는 영향을 분석한 연구가 활발하게 진행되고 있다. 최재서 · 민영(2024)에 따르면, AI 커버 음악에 대한 저작권 인식이 높을수록 불편함이 증가하고, 이러한 불편함은 AI 커버 음악에 대한 거부감을 높인다. 더 나아가 저작권에 대한 불편한 감정은 AI 커버 음악에 대한 회피와 거부감을 간접적으로 증가시킨다. 저작권 문제가 AI 커버 음악의 대중적 수용에 심각한 장벽이 될 수 있다는 것이다. 따라서 AI 커버 음악이 더 넓은 대중에게 수용되기 위해서는 저작권 문제에 대한 명확한 해결책이 제시되어야 한다.

## 참고문헌

박명순·김현경(2020). “음악 저작권 침해 판단 기준에 대한 고찰”. 《계간 저작권》, 33(4), 59~95쪽.

박명순·김현경(2024). “인공지능(AI) 생성물의 저작권 침해 판단기준의 한계와 개선과제 – AI 오디오 생성물을 중심으로”. 《선진상사법률연구》, 106, 149~182쪽.

박찬(2024). “이미지 생성 AI 소송에서 ‘저작권 침해 혐의’ 최초 인정… 본격 조사 돌입”. AI타임스. https://www.aitimes.com/news/articleView.html?idxno=162518

스트라베이스(2023). “AI 생성음악에 반대하는 Universal Music Group의 행보가 촉발한 음악 생태계 저작권 논쟁의 현주소 진단”. 《디지털 미래와 전략》, 210, 46~49쪽.

염현철(2024). “저작권 있는 아티스트 음악… 무단으로 AI 모델 훈련에 사용하면”. 특허 뉴스. https://www.dbpia.co.kr/journal/articleDetail?nodeId=NODE11862888

오상진(2024). “AI 커버곡의 저작권 논란과 규제 필요성”. 한국코칭신문. http://coachingnews.co.kr/View.aspx?No=3173063

이나라(2023). “브루노 마스가 부른 뉴진스의 하입보이? … ‘AI 커버’ 저작권 문제없나?”. 뉴스톱. https://www.newstof.com/news/articleView.html?idxno=21452

장홍성(2024). “인공지능(AI) 기술을 활용한 음악 저작물의 저작권 동향”. 세종대학교 융합예술대학원 석사학위논문.

최재서·민영(2024). “생성형 AI 콘텐츠 수용 및 거부 의도에 영향을 미치는 요인 연구: AI 커버 음악을 중심으로”.

《방송통신연구》, 127, 153~186쪽.
한국법학원(2023). “퍼블리시티권의 도입과 전망”. 《한국법학원 현안보고서》, 2023-02.
한국저작권보호원(2024). “AI 커버곡과 저작권 침해”. 《C STORY》, 44.
Copyrightalliance. What Is Fair Use?. https://copyrightalliance.org/faqs/what-is-fair-use/
Hansen, D.(2024). AI Music on Spotify: Everything We Know So Far. LANDR Blog. https://blog.landr.com/ai-music-on-spotify/
Horak Music Attorney(2025). Recent Developments in Music Law in Germany, Europe, and Internationally. https://horakmusiclaw.com/germany/ai-in-music-production/
Rogers, R.(2024). Why So Many TikTok Videos Don't Have Sound Anymore. Wired. https://www.wired.com/story/tiktok-universal-music-group-umg-remove-songs/
Shewfelt, R.(2025.3.10). Celine Dion warns fans about AI-generated songs masquerading as her music: 'Fake and not approved'. Entertainment Weekly. https://ew.com/celine-dion-warns-fans-about-ai-generated-songs-11694454

## 07
## AI 커버 음악의 투명성 : 구글 딥마인드

구글 딥마인드의 신스ID(SynthID)는 AI 생성 콘텐츠에 눈에 보이지 않는 디지털 워터마크를 삽입하여 해당 콘텐츠의 출처와 성격을 명확히 식별할 수 있게 하는 기술이다. 처음에는 이미지에 적용되었으나 점차 텍스트, 오디오, 비디오로 확장되면서 K-팝으로까지 적용되고 있다. AI 생성 음악에서의 투명성과 창작의 자유 간 균형점을 모색해야 할 때다.

AI와 윤동주?

## 구글 딥마인드의 신스ID 기술: 개발 배경과 기술적 특징

구글 딥마인드의 신스ID(SynthID)는 AI로 생성된 콘텐츠에 디지털 워터마크를 삽입하여 해당 콘텐츠가 인공지능에 의해 생성되었음을 식별할 수 있게 하는 기술이다(Atanacković, 2024). 신스ID는 인간의 눈이나 귀로는 감지할 수 없지만, 특수한 식별 도구를 통해 감지할 수 있는 방식으로 콘텐츠에 디지털 워터마크를 삽입한다. 처음에는 이미지에 적용되었으나, 점차 텍스트, 오디오, 비디오 등 다양한 형태의 AI 생성 콘텐츠로 적용 범위가 확장되고 있다.

구글의 AI 연구 부문인 구글 딥마인드가 신스ID를 개발하게 된 배경에는 생성형 인공지능이 이전에는 상상도 할 수 없었던 규모로 다양한 콘텐츠를 생성할 수 있게 되면서 발생하는 잠재적인 문제들이 자리하고 있다(Jeng et al., 2024). 주지하다시피 딥페이크(Deep Fake)와 같은 기술이 발전하면서, AI 생성 콘텐츠와 인간이 만든 콘텐츠를 구분하기가 점점 더 어려워지고 있다(Broinowski & Martin, 2024). 신스ID는 이러한 문제를 해결하기 위한 기술적 접근법의 하나다.

신스ID의 작동 방식은 콘텐츠 유형에 따라 차이가 있

다. 이미지의 경우, 구성하는 픽셀마다 AI로 만들었다는 흔적을 남기는 방식으로 작동한다(Gowal & Kohli, 2023). 이를 위해 원본 이미지에 눈으로 식별할 수 없는 투명한 워터마크를 덧입힌다. 기존의 워터마크가 이미지에 스탬프를 찍는 방식이어서 그 부분을 잘라 내면 우회가 가능했던 것과 달리, 신스ID는 필터나 압축으로 파일을 조작해도 워터마크가 원 상태를 유지하는 장점이 있다.

텍스트 버전의 신스ID는 2024년 10월에 오픈 소스로 공개되었다. 이는 의사 무작위 g-함수를 사용하여 모델의 로직을 보강함으로써, 텍스트 품질에 크게 영향을 주지 않으면서도 해당 텍스트가 AI 모델에 의해 생성되었는지 여부를 판단하는 데 도움이 되는 방식으로 워터마킹 정보를 인코딩한다(Dathathri al., 2024). 이 기술은 텍스트 자르기, 단어 수정, 약간의 의역 등 부분적으로 변형하는 '꼼수'에 강력하게 대응할 수 있는 것으로 알려졌다.

신스ID의 주요 목적은 AI 생성 콘텐츠의 투명성을 높이고, 이를 통해 정보의 신뢰성을 증진하는 것이다. 구글 딥마인드 측은 비록 허위 정보나 잘못된 저작자 표시와 같은 문제를 해결하기 위한 만병통치약은 아니지만,

이러한 AI 안전 문제에 대응하기 위한 유망한 기술적 해결책의 하나라고 설명한다.

신스ID는 현재 베타 버전으로 출시되어 계속 진화 중이며, 점차 더 많은 제품에 적용되고 있다. 특히 2024년 10월에는 구글 딥마인드가 신스ID 텍스트 워터마킹 도구를 업데이트된 '책임 있는 생성형 AI 툴킷'을 오픈 소스로 공개하면서 개발자와 기업이 자유롭게 사용할 수 있게 되었다.

현재 구글 딥마인드는 신스ID를 이미지와 텍스트에 주로 적용하고 있지만, 오디오와 비디오로의 확장을 계획하고 있다. 앞으로는 AI 커버 음악 제작자들이 자신의 콘텐츠에 기술적으로 검증 가능한 워터마크를 삽입함으로써, 해당 콘텐츠가 AI에 의해 생성되었음을 더욱 투명하게 표시할 수 있을 것으로 보인다.

## AI 생성 음악에서의 투명성과 창작 자유의 균형점

AI 생성 음악에서 투명성이 중요한 이유는 여러 가지가 있다. 첫째, 소비자들에게는 자신이 접하는 콘텐츠의 출처와 성격을 정확히 이해할 권리가 있기 때문이다. AI 생성 음악이 인간이 직접 만든 것처럼 오인될 경우, 소비자의 선택과 판단에 영향을 미칠 수 있다. 둘째, 원작자와 실연자의 권리 보호가 필요하기 때문이다. 앞에서도 언급했거니와 AI가 특정 아티스트의 스타일이나 목소리를 모방할 때, 이는 해당 아티스트의 정체성과 창작물에 대한 권리에 영향을 미칠 수 있다. 셋째, 허위 정보의 확산을 방지하기 위해서다. AI 기술이 발전함에 따라 딥페이크와 같은 기술이 악용될 가능성이 커지고 있으며, 이는 정보의 신뢰성에 심각한 위협이 될 수 있다.

그렇다고 해서 신스ID와 같은 워터마킹 기술은 완벽한 해결책은 아니다. 구글 딥마인드도 인정하듯이, 신스ID 텍스트 워터마크는 부분적인 변형에는 강력하게 대처할 수 있지만, 텍스트를 완전히 다시 작성하거나 다른 언어로 번역하면 감지기의 신뢰도가 크게 낮아진다. 마찬가지로, 오디오 워터마킹도 특정 형태의 조작이나 변형에 취약할 수 있다.

보다 근본적으로 신스ID는 악의적인 행위자가 피해를 끼치는 것을 직접적으로 막기 위해 설계되지 않았다. 이 기술만으로는 AI 생성 음악에 의한 오용이나 악용을 완전히 방지할 수 없다는 얘기다. 따라서 워터마킹 기술은 다른 접근 방식과 결합하여 콘텐츠 유형과 플랫폼 전반에서 더 나은 설루션 개발이 필요하다.

더 넓은 맥락에서, AI 생성 콘텐츠의 투명성과 책임 있는 사용을 위해서는 기술적 해결책뿐만 아니라 법적, 윤리적, 사회적 프레임워크도 필요하다. 예를 들어, 유럽연합은 AI로 생성한 콘텐츠에 워터마크를 의무화하는 법안을 통과시켰으며, 이는 AI 콘텐츠의 투명성을 높이기 위한 법적 노력이라고 할 수 있다. 또한 유튜브는 2023년 11월, 생성형 AI에 관한 가이드라인을 배포하여 AI를 통해 제작된 영상에 대해, 해당 영상이 '변경 또는 합성(altered or synthetically created)'되었다는 점을 영상 내에 표시하도록 했다(Marchal & Xu, 2024). 이와 같은 플랫폼 차원의 정책과 가이드라인은 기술적 워터마킹을 보완하는 중요한 요소다.

국내에서도 2024년 1월, (사)한국음악저작권협회가 국회 문화체육관광위원회와 '생성형 AI 콘텐츠 표기 의무화법 도입'을 위한 공청회를 열고, AI 콘텐츠에 대한 사전 대응과 저작자 보호를 위한 제도 마련이 시급하다는 입장을 표명한 바 있다.

AI 생성 음악의 투명성과 창작 자유의 균형점은 다양한 이해관계자들의 협력과 노력을 통해 찾아 나가야 한다. 기술 개발자, 콘텐츠 창작자, 플랫폼 제공자, 정책 입안자, 그리고 소비자 모두가 AI 생성 콘텐츠의 책임 있는 제작과 소비에 기여할 수 있다. 신스ID와 같은 워터마킹 기술은 완벽하지는 않지만, 이러한 협력적 노력은 투명성과 창작 자유가 공존하는 건강한 AI 콘텐츠 생태계를 구축하는 데 기여할 수 있을 것이다.

## 참고문헌


김세아(2024.2.23). "가수는 우는데… 팬들만 웃는 AI커버곡, 저작권 침해 이대로는 안 된다". 텐아시아. https://www.tenasia.co.kr/article/2024022355714

Atanacković, D.(2024). Artificial Intelligence: Duality in Applications of Generative AI and Assistive AI in Music. *INSAM Journal of Contemporary Music, Art and Technology, 12*, pp.12~31.

Broinowski, A. & Martin, F. R.(2024). Beyond the deepfake problem: Benefits, risks and regulation of generative AI screen technologies. *Media International Australia*, https://doi.org/10.1177/1329878X241288034

Dathathri, S. et al.(2024). Scalable watermarking for identifying large language model outputs. *Nature, 634*(8035), pp.818~823.

Gowal, S. & Kohli, P.(2023). Identifying AI-generated images with SynthID. Google Deepmind.

Jeng, L. et al.(2024). Chains of Trust: Combatting Synthetic Data Risks of AI. SSRN 4854347.

Marchal, N. & Xu, R.(2024). Mapping the misuse of generative AI. Google DeepMind Blog.

https://deepmind.google/discover/blog/mapping-the-misuse-of-generative-ai/

Swant, M.(2024). AI Briefing: Google Deepmind open-sources SynthID for watermarking generated text. Digiday. https://digiday.com/media/ai-briefing-google-deepmind-open-sources-synthid-for-watermarking-generated-text/

## 08
## 드레이크와 위켄드 AI 듀엣의 교훈

2023년 4월, 익명의 제작자 '고스트라이터977'이 공개한 AI 생성곡 〈하트 온 마이 슬리브(Heart on My Sleeve)〉는 드레이크와 더 위켄드의 목소리를 정교하게 복제해 큰 충격을 주었다. 이 곡은 단기간에 수백만 회 재생되었지만, 유니버설 뮤직 그룹(UMG)의 저작권 침해 주장으로 곧바로 모든 플랫폼에서 삭제되었다. 〈Heart on My Sleeve〉 사례는 우리에게 AI 커버 음악에 대한 음반사와 플랫폼의 대응, 그리고 향후 정책적 접근에 대한 깊은 고민을 던져 준다.

AI와 한의학?

## 〈하트 온 마이 슬리브〉의 반란

2023년 4월 초, '고스트라이터977(Ghostwriter977)'이라는 틱톡 사용자가 드레이크(Drake)와 위켄드(The Weeknd)의 목소리를 완벽하게 모방한 〈하트 온 마이 슬리브(Heart on My Sleeve)〉를 공개했다. 이 노래는 틱톡에 처음 게시된 후 스포티파이, 애플뮤직, 유튜브, 사운드클라우드 등 주요 음원 스트리밍 플랫폼으로 확산되었다. 노래는 위켄드가 자신의 전 여자 친구인 배우 설리나 고메즈(Selena Gomez)에 관한 가사를 드레이크와 나눠 부르는 형식으로 구성되었는데, 두 아티스트의 특징적인 음색과 창법을 놀라울 정도로 정확하게 재현했다.

이 AI 커버 음악은 출시 직후부터 엄청난 인기를 끌었다. LA타임스에 따르면, 〈하트 온 마이 슬리브〉는 발표된 그 주말 동안에만 무려 2천만 회 이상 스트리밍되었다. 틱톡에서는 1,500만 회, 스포티파이에서는 60만 회 이상의 재생 횟수를 기록하기도 했다(일부 언론에서는 스포티파이에서만 25만 회 이상 재생되었다고 보도했다). 어느 경우든 이 노래가 놀라울 정도로 인기 있었다는 사실은 분명하다(Draughorn, 2023). 그런데 문제는 많은 청취자들이 이 노래를 드레이크와 위켄드가 실제로 함께 작업한 공식 발매곡으로 믿어 의심치 않았다는 것이다. 심지어 전문가들 중에서도 깜빡 속은 이가 적지 않았다.

〈하트 온 마이 슬리브〉의 제작에 사용된 AI 기술은 명확히 공개되지 않았다. 이 노래의 제작자인 '고스트라이터(Ghostwriter)'는 드레이크와 위켄드 두 가수의 목소리로 훈련된 소프트웨어를 사용하여 노래를 제작했다고만 밝혔다. 하지만 일부 언론에서는 '앰퍼 뮤직(Amper Music)'이라는 AI 음악 생성 프로그램이 사용되었을 것으로 추정했다. 앰퍼 뮤직은 AI 기반의 자동 음악 작 · 편곡 소프트웨어로, 음악에 대한 전문적 지식이 없는 사용자도 간단한 조작만으로 음악을 생성할 수 있는 도구다.

〈하트 온 마이 슬리브〉의 등장은 단순한 기술적 성취를 넘어 음악 산업의 근본적인 가치와 구조에 관한 질문을 제기했다. AI 비서 개발사인 바이오닉(Bionic)의 설립자, 매케이 리글리(McKay Wrigley)는 트위터(현재는 'X')에 "나를 놀라게 한 AI 생성 음악의 첫 번째 사례"라며 "만약 누군가 이것이 유출된 음원이라고 했다면 100% 믿었을 것"이라고 고백했다(채수종, 2023).

## 유니버설 뮤직의 법적 대응

드레이크와 위켄드가 소속된 레이블 유니버설 뮤직 그룹은 음원 플랫폼에 저작권 침해를 이유로 이 노래의 삭제를 요청했다. 〈하트 온 마이 슬리브〉가 공개된 지 불과 4일 만이었다. 디지털 밀레니엄 저작권법(Digital Millennium Copyright Act, DMCA)이 그 근거였다.

미국이 디지털 환경에서 저작권을 보호하기 위해 1998년 제정한 DMCA는 저작권 침해 콘텐츠를 신고하면 플랫폼은 이를 즉시 삭제해야 하는 의무를 규정하고 있다. 결국 스포티파이, 애플 뮤직, 유튜브 등 주요 플랫폼에서 이 노래는 완전히 삭제되었다. UMG는 "아티스트의 허락 없이 AI 소프트웨어를 훈련시키는 음악 생태계의 이해관계자들이 과연 인간의 창조적 표현을 지지하는 것인지, 아니면 딥페이크 기술을 옹호하는 것인지 의문을 제기하지 않을 수 없다"라고 비판했다. 또한 "플랫폼 사업자들은 아티스트에게 피해를 주는 서비스를 차단할 근본적인 법적, 윤리적 책임을 져야 한다"고 주장했다. 나아가 UMG는 생성형 AI가 가사와 멜로디를 무단으로 학습하고 활용하는 행위를 기술적으로 차단해 줄 것을 정부 당국에 요청하기도 했다(Yurkevich, 2023).

이 사건에서 특히 주목할 점은 〈하트 온 마이 슬리브〉가 기존 음원을 직접 샘플링한 것이 아니라, AI를 통해 드레이크와 위켄드의 목소리를 학습하여 모방했다는 것이다. 이로 인해 기존 저작권 침해의 법리를 직접 적용하기 어려운 상황이 발생했다. 실제로 일부 전문가들은 UMG의 삭제 요청이 받아들여진 이유가 해당 곡에 드레이크와 자주 협업하는 유명 힙합 프로듀서 메트로 부민(Metro Boomin)의 '프로듀서 태그'가 포함되어 있었기 때문일 것이라고 분석했다. 프로듀서 태그는 작곡가가 자신의 작품임을 표시하기 위해 곡 초반부에 삽입하는 짧고 독특한 음향 시그니처로, 이 부분에서 명확한 저작권 침해가 성립했을 가능성이 높다는 것이다.

어쨌든 〈하트 온 마이 슬리브〉 사건은 음악 산업 내에서 광범위한 논의를 촉발했다. 그래미 시상식을 주관하는 주니어 레코딩 아카데미의 대표인 하비 메이슨(Harvey Mason)은 "AI는 많은 잠재력을 가지고 있지만 창작자에 위험을 안기기도 한다"며 "인간의 예술적인 능력을 잃지 않도록 하는 특단의 대책이 필요하다"라고 강조했다(Mann, 2023). AI 기술이 가진 창의적 가능성과 동시에 그것이 기존 창작자들에게 미칠 수 있는 부정적 영향 사이의 균형을 찾아야 한다는 주장이다.

비단 〈하트 온 마이 슬리브〉 사례뿐 아니다. 비슷한 시기에 미국의 래퍼 아이스 스파이스(Ice Spice)의 곡에서도 드레이크의 가짜 랩이 포함된 버전이 유포된 바 있고, 세계적인 팝스타 리애나(Rihanna) 버전의 비욘세(Beyonce) 〈컷잇오프(Cut It Off)〉 AI 음원도 세간의 입방아에 올랐다. 이러한 현상이 잦아지자, 미국음반산업협회(RIAA)와 독립음악협회 등은 저작권 보호는 인간이 만든 음악에만 적용되어야 한다는 골자의(Centeno, 2023; Lane, 2023) AI 사용에 관한 7가지 원칙을 내세우며 저작권 보호에 나섰다.

또 다른 사례로는 드레이크가 켄드릭 라마(Kendrick Lamar)와의 갈등 속에서 발표한 〈테일러 메이드 프리스타일(Taylor Made Freestyle)〉이 있다. 그는 AI를 사용하여 고인이 된 래퍼 투팍 샤커(Tupac Amaru Shaku)와 같은 미국 출신의 베테랑 래퍼 스눕 독(Snoop Dogg)의 목소리를 복제했다. 이 노래는 드레이크가 켄드릭 라마를 디스(비방)하기 위한 목적도 있었다. 투팍의 유족은 해당 곡에 대해 강력하게 반발하며, 드레이크에게 곡 삭제를 요구하는 '정지명령서(Cease and Desist)'를 발송했다. 캘리포니아 주법에 따르면, 유명인의 목소리는 사후 70년까지 보호되며, 유족은 이에 대한 법적 권리를 가진다. 결국 드레이크는 해당 곡을 소셜 미디어에서 삭제했다. 이 사건은 AI가 유명인의 목소리를 무단으로 복제할 경우, 발생할 수 있는 저작권 및 인격권 침해 문제를 다시 한번 부각시키는 계기가 되었다(Atkinson, 2024).

## AI 음악에 대한 정책 변화

〈하트 온 마이 슬리브〉 사건과 같은 AI 음악 생성으로 인한 법적, 윤리적 논란이 증가함에 따라, 음악 산업은 물론 기술 플랫폼과 각국 정부에 이르기까지 이에 대응하기 위한 새로운 정책과 가이드라인의 마련에 분주하다. 이러한 흐름은 대부분 AI 기술의 혁신 가능성을 억압하지 않으면서도 창작자의 권리를 보호하기 위한 균형 잡힌 접근을 목표로 하고 있다.

2023년 11월, 유튜브는 생성형 AI 콘텐츠에 관한 새로운 가이드라인을 발표했다. 이에 따르면, AI로 제작된 영상물은 반드시 해당 콘텐츠가 '변형되었거나 합성되었음(altered or synthetically created)'을 명확히 표시해야 하며, 이를 위반할 경우 영상 삭제나 수익 창출 차단 등의 제재가 가해질 수 있다(Cooke, 2024). 다만 이 정책은 주로 딥페이크를 활용한 가짜 뉴스나 인물 모욕 등 비음악 분야의 위험성 차단에 초점을 맞추고 있어, AI 커버 음악과 같이 생성 여부가 명확한 콘텐츠에 대해서는 실효성에 한계가 있다는 지적도 제기된다.

유럽연합(EU)은 2021년 4월, 인공지능 법안 초안을 제시한 이후 챗GPT 등 생성형 AI의 급부상에 대응하여 더욱 포괄적인 규제 체계를 마련하고 있다. EU의 디지털 정책을 총괄하는 마르그레테 베스타게르(Margrethe Vestager Hansen) 유럽연합 집행위원회 부위원장은 AI 생성물에 '인공지능 생성' 라벨 부착을 의무화하고, AI의 작동 원리에 대한 설명 책임(explainability)을 기업에 부과할 계획임을 밝혔다.

AI는 시장 경쟁을 촉진할 수 있는 긍정적인 역할도 있지만, 동시에 시장 집중을 증가시키거나 알고리즘을 통한 암묵적 가격 조정을 유발하는 등 부정적인 측면도 있다. EU는 이러한 문제를 해결하기 위해 AI 법(AI Act)과 같은 법안을 통해 AI 시스템의 투명성과 추적 기능을 강화하고, 당국의 정보 수집 능력을 키우고 있다(Savage, 2023).

음악 산업 내부에서도 AI 음악에 대한 대응이 활발하게 진행 중이다. 미국음반산업협회(RIAA)는 음성 클론 서비스인 '보이시파이 AI(AI를 사용하여 목소리를 복제할 수 있는 서비스)'를 미국 저작권 침해 사이트 목록에 포함시켰다(Cooke, 2024). 이는 AI 기술이 창작자 고유의 표현을 무단으로 복제하거나 변형할 수 있다는 문제의식이 산업 내부에서도 확산되고 있음을 의미한다.

AI 음악과 관련한 정책적 대응은 크게 두 가지 방향에서 이루어지고 있다. 첫째는 투명성과 명확한 표시다. AI에 의해 생성된 콘텐츠는 그 사실이 분명히 공개되어야 하며, 이용자들이 인간 창작물과 AI 생성물을 구분할 수 있도록 보장해야 한다. 둘째는 아티스트의 권리 보호다. AI가 특정 아티스트의 음성이나 창작 스타일을 학습하거나 모방할 경우, 당사자의 동의가 선행되어야 하며, 이를 위반한 콘텐츠는 법적 제재의 대상이 될 수 있다.

그러나 이러한 정책적 대응에도 불구하고 AI 음악 생성 기술에 대한 법적 · 윤리적 프레임워크는 아직 완전히 정립되지 않은 상태다. 특히 AI가 인간의 창의성을 어떻게 보완하거나 위협하는지, AI가 만든 음악의 저작권은 누구에게 귀속되어야 하는지, AI 학습에 사용되는 데이터는 어떻게 규제되어야 하는지 등에 대한 논의는 여전히 풀어야 할 숙제다.

〈하트 온 마이 슬리브〉 사건은 AI 음악 생성이 초래할 수 있는 법적 · 윤리적 도전의 한 단면에 불과하다. 앞으로 기술이 더욱 고도화됨에 따라 유사한 사례는 늘어날 것이며, 이에 따른 산업과 제도의 대응도 끊임없이 진화할 것이다. 이 과정에서 가장 중요한 것은 AI의 창작 가능성과 예술적 잠재력을 인정하면서도, 인간 창작자의 권리와 정체성을 보호하는 균형 잡힌 접근을 마련하는 일이다.

### 참고문헌


채수종(2023). ""AI가 핵 보다 잠재적으로 더 위험" 일론 머스크 "AI 감독하는 무언가 필요"". 포춘코리아. https://www.fortunekorea.co.kr/news/articleView.html?idxno=27444

Atkinson, K.(2024). Drake Removes 'Taylor Made Freestyle,' With AI Tupac & Snoop Vocals, From Social Media. Billboard. https://www.billboard.com/music/rb-hip-hop/drake-removes-taylor-made-freestyle-ai-tupac-snoop-1235667030/

Centeno, T. M.(2023). Drake Denounces AI Version Of Him Rapping Ice Spice's Hit Song "Munch". iHeart. https://www.iheart.com/content/2023-04-14-drake-denounces-ai-version-of-him-rapping-ice-spices-hit-song-munch/

Cooke, C.(2024). BPI threatens to sue voice cloning site Voicify. Complete Music Update. https://completemusicupdate.com/bpi-threatens-to-sue-voice-cloning-site-voicify/

Draughorn, K.(2023). Fake AI-generated Drake/the Weeknd

song pulled from streaming services. Los Angeles Times. https://www.latimes.com/entertainment-arts/music/story/2023-04-18/drake-the-weeknd-ai-song-fake-removed-streaming-services

Duffy, C.(2024). Hey YouTube creators, it's time to start labeling AI-generated content in your videos. CNN. https://edition.cnn.com/2024/03/18/tech/youtube-ai-label-for-creators/index.html

Grasser, J. & Ruiz-Lichter, S.(2023). Ghostwriter in the Machine: Copyright Implications for AI-Generated Imitations. National Law Forum. https://natlawreview.com/article/ghostwriter-machine-copyright-implications-ai-generated-imitations

Lane, B.(2023). An AI-generated Rihanna cover of Beyonce's 'Cuff It' is going viral, and it could open up a new legal nightmare for the music industry. Business Insider. https://www.businessinsider.com/rihanna-ai-cuff-it-cover-legal-nightmare-music-industry-2023-4

De Moncuit, A., et al.(2024). AI challenges in competition law: How are regulators responding? Thomson Reuters, PLC Magazine. https://www.mayerbrown.com/en/insights/publications/2024/04/ai-challenges-in-competition-law-how-are-regulators-responding

Savage, M.(2023). AI-generated Drake and The Weeknd song goes viral. BBC. https://www.bbc.com/news/entertainment-arts-65298834

Sotiri, E.(2023). French text proposal: Regulating Artificial Intelligence through copyright law.

https://www.linkedin.com/pulse/french-text-proposal-regulating-artificial-through-copyright-sotiri/

Yurkevich, V.(2023). Universal Music Group calls AI music a 'fraud,' wants it banned from streaming platforms. Experts say it's not that easy. CNN. https://edition.cnn.com/2023/04/18/tech/universal-music-group-artificial-intelligence/index.html

## 09
# AI 커버 음악 저작권 공유 모델

2023년 4월, 캐나다 출신의 싱어송라이터 그라임스는 파격적인 선언을 했다. “AI로 내 목소리가 들어간 노래를 성공적으로 만들면, 로열티의 50%를 드리겠습니다.” AI 생성 음악을 둘러싼 논란이 막 거세지던 시기에 등장한 이 제안은, 기술과 예술, 그리고 저작권의 관계를 새롭게 정의하려는 급진적이면서도 실험적인 접근으로 주목받았다.

AI와 화장품?

## 그라임스의 AI 음성 라이선싱 모델

2023년 4월 24일, 캐나다 출신의 싱어송라이터이자 프로듀서인 그라임스(Grimes, 본명 : 클레어 부처)는 트위터를 통해 파격적인 선언을 했다(Chasan, 2023). "AI를 활용해 내 목소리가 포함된 노래를 성공적으로 만들면, 로열티의 50%를 주겠다. 내 목소리를 자유롭게 사용하라."

이 선언은 AI 생성 음악을 둘러싼 논란이 거세던 시기에 나온 것이기에 큰 주목을 받았다. 앞에서 언급한 더 위켄드와 드레이크의 목소리를 무단 복제한 AI 곡 〈하트 온 마이 슬리브(Heart on My Sleeve)〉가 스포티파이에서 인기를 끌다가 저작권 문제로 삭제된 직후이기도 했다.

그라임스는 자신이 '기니피그(guinea pig)'가 되는 것을 즐긴다며, 예술을 오픈소싱하고 저작권을 해체하는 데 매력을 느낀다고 말했다(BEATCURRY, 2023).

"내 목소리는 우주의 선물이다. 통제하기보다 더 많은 사람이 접근할 수 있어야 한다." 다소 엉뚱하고 파격적인 그의 이러한 발언은 예술과 창작의 본질, 그리고 디지털 시대의 저작권에 대한 그녀만의 독특한 관점일 수 있다. 하지만 동시에 예술의 본질과 저작권의 미래에 대한 대담한 재해석이며, 디지털 시대의 창작 방식에 대한 선도적인 입장을 드러낸 것으로도 해석할 수 있다.

그라임스의 발언은 같은 해 5월, AI 음성 복제 플랫폼 '엘프테크(Elf.Tech)'의 출범으로 현실화되었다. 그라임스는 음악 소프트웨어 기업 크리에이트세이프(Create-Safe)와 협력해 누구나 자신이 쓴 곡을 업로드하면, 'AI 그라임스'가 이를 불러 음원 형태로 완성해 주도록 했다 (Ross, 2023).

사용자가 '생성(Create)' 버튼을 누르고 자신이 부른 노래를 업로드하면, AI가 이를 그라임스의 목소리로 변환해 음원 형태로 출력한다. 이 과정에서 사용자는 스스로 AI 모델을 학습시켜 자신만의 보컬 스타일을 만들 수도 있다.

그라임스는 이처럼 자신의 음성을 무료로 사용할 수 있게 하면서도, 한편으로는 상업적 이용에 대한 명확한 가이드라인을 제시하기도 했다. 사용자는 음원을 정식 배포하거나 레이블과 계약하고자 할 경우, 그라임스 측에 연락해, 그라임스라는 이름을 공식적으로 사용할 수 있는 권한을 부여받아야 한다.

또한 그녀는 자신의 목소리가 혐오나 갈등을 조장하는 노래에 활용되는 상황에 대한 질문을 받았을 때, "낙태 반대와 같이 정말로 해로운 가사에 대해서만 저작권을 통한 제재를 가할 것"이라고 답했다(Savage, 2023).

자신의 목소리가 본인의 가치관과 정면으로 배치되는 메시지를 전달하는 데 악용되는 것만큼은 막겠다는 의도로 해석된다.

## 50% 로열티 계약의 실행과 초기 성과

그라임스의 AI 음성 라이선싱 모델은 발표 직후 음악계 안팎에서 큰 반향을 일으켰다. 그녀가 제안한 '50% 로열티 공유'는 창작자와 아티스트 간 협업 구조를 재구성할 수 있는 급진적인 시도였기 때문이다.

'엘프테크'가 공개되자 신인들과 무명 뮤지션들이 그라임스와의 협업 기회를 찾아 플랫폼으로 몰려들었다. 뉴욕타임스 보도에 따르면, 출시 후 수개월 만에 완성된 곡의 수가 300곡을 넘어섰다(Mann, 2023). 크리에이트 세이프의 최고경영자(CEO) 다우다 레너드(Daouda Leonard)는 "플랫폼에 등록된 수백 곡을 향후 몇 주 안에 각종 음원 플랫폼에서 정식 발매할 예정"이라며, 이 프로젝트가 실험적 시도를 넘어서 AI 생성 음악의 본격적인 시장 진출을 알리는 신호탄이 될 것이라고 전망했다(Mann, 2023).

그라임스는 인간 창작자와 AI 기술이 협업한 결과물에 대해 자발적 권리 공유를 제안함으로써, 기존 저작권 체계를 우회하면서도 창작의 책임성과 보상을 동시에 실현하는 하이브리드형 모델을 구현했다. 이는 AI가 독자적 창작 주체로 인정받기 어려운 현재의 법적 환경 속에서, 인간 창작자가 자신의 권리를 적극적으로 설계하고 활용할 수 있음을 시사한다.

또한 이 모델은 AI 기술과 아티스트 사이의 상호 이익을 추구하는 공생 관계 구축을 시도하고 있다는 점에서 주목된다. AI는 그라임스의 목소리와 보컬 특성을 학습함으로써 지속적으로 정교해질 수 있고, 그라임스는 이를 통해 자신의 예술적 표현 영역을 확장하면서도 경제적 이익을 챙길 수 있다. 이 관계는 "AI는 인간 아티스트를 대체한다"는 단순한 대립 구도를 넘어, 창작의 보조자이자 동반자로서 AI의 위치를 재정의한다.

## 생태계 확장의 신호: 슬립스트림 프로젝트

2024년 7월, 크리에이트세이프는 그라임스의 AI 음성 프로젝트를 업그레이드했다. 무료 저작권 음악 라이브러리 플랫폼인 '슬립스트림(Slip.stream)'을 통해 그라임스의 AI 목소리로 만들어진 사운드 샘플을 일반 대중에게 제공하기 시작한 것이다. 크리에이트세이프의 CEO 다우다 레너드는 "음악가들은 슬립스트림을 통해 전례 없는 규모로 급성장하는 창작 경제를 경험할 수 있게 될 것"이라고 강조했다. 그라임스의 음성 라이선싱 모델이 일회성 프로젝트를 넘어서 연속적이고 확장 가능한 생태계로 진화하고 있는 것이다.

그라임스의 모델이 주목받는 이유 중 하나는 AI 음성 복제가 일으킬 수 있는 윤리적 · 법적 논쟁을 피해 간 점에 있다. 같은 해 공개된 AI 곡 〈하트 온 마이 슬리브〉는 더 위켄드와 드레이크의 음성을 본인 동의 없이 복제해 제작된 곡으로 큰 화제를 모았지만, 저작권 침해 논란 속에 모든 플랫폼에서 삭제되었다. 반면 그라임스는 자신의 목소리 사용을 공식적으로 허용하고, 수익도 공유하는 방식으로 창작자에게 정당한 이용 권한을 부여했다. 이처럼 아티스트의 동의가 전제된 모델은 AI 기술이 음악 창작에서 합법적이고 지속 가능한 방식으로 정착할 수 있는 길을 보여 주는 대표적 사례로 평가된다 (Robinson, 2023).

그라임스의 50% 로열티 공유 모델은 경제적 측면에서도 중요한 의미를 가진다. 기존 음악 시장에서는 아티스트가 창작물에 대해 충분한 보상을 받지 못하는 경우가 많았고, 유통사와 레이블 중심의 구조가 창작자의 권리를 제한한 측면도 없지 않다. 이에 비해 그라임스의 모델은 AI 기술을 활용하여 중간 유통 단계를 축소하고, 수익을 직접적으로 공유하는 방식으로 공정한 보상 구조를 제시했다. 이는 단지 AI 기술의 활용이라는 차원을 넘어, 음악 창작의 권리 구조를 재편할 가능성을 보여 준다는 측면에서 주목할 만하다.

물론 이러한 모델이 가능했던 배경에는 그라임스의 위상도 큰 역할을 했다. 그녀는 음반사에 소속되어 있지 않았다. 이는 대형 레이블에 소속된 많은 아티스트들과는 달리 그녀가 자신의 음악과 목소리에 대한 더 많은 자율권을 가지고 있음을 의미한다. 이러한 독립성은 그녀가 AI와 같은 새로운 기술에 대해 더 실험적이고 전향적인 접근을 할 수 있게 했다.

## 음악 산업에 미친 영향과 미래 전망

그라임스의 AI 음성 라이선싱 모델은 단순한 기술 실험을 넘어, 음악 산업의 구조와 창작 방식 전반에 깊은 영향을 미친 전환점으로 평가된다. 이 모델은 특히 AI 기술과 인간 아티스트 간의 협업 가능성을 실질적으로 입증했다는 점에서 큰 의의를 가진다. 기존의 AI 음악 기술은 종종 인간 아티스트를 대체하거나 모방하는 데 중점을 두었지만, 그라임스는 이를 인간의 창의성을 보완하고 확장하는 창작 도구로 해석했다.

이는 국제 음악 서밋(IMS, 전자 음악 산업의 주요 국제 콘퍼런스)에서 그녀가 한 발언에서도 명확히 드러난다. "음악에 너무 많은 게이트키퍼가 있다. 음악 산업이 변호사들에 의해 정의됨으로써 창의성을 질식시키고 있다. 나는 지금이 예술가가 되기에 가장 멋진 시기라고 생각한다."

그라임스의 모델은 특히 신진 아티스트와 독립 음악가들에게 기회를 제공한다. 물론 그라임스의 모델이 모든 아티스트에게 적합한 것은 아니다. 각 아티스트는 자신의 목소리와 음악적 정체성에 대해 다른 생각과 가치를 가지고 있으며, AI 기술에 대한 태도도 다양하다. 예를 들어, 영국의 싱어송라이터 에드 시런(Ed Sheeran)은 "인간에게서 일자리를 빼앗는 AI가 왜 필요한지 모르겠다"라며 선을 그었다(Nolan, 2023). 반면 1990년대 영국 록밴드 오아시스의 전 보컬리스트 리암 갤러거(Liam Gallagher)는 AI로 만든 오아시스 앨범 'AISIS - The Lost Tape / Vol.1'에 대해 상찬을 아끼지 않았다(itv, 2023).

앞으로 엘프테크와 같은 플랫폼은 더욱 정교해지고 기능적으로 다양화될 가능성이 크다. 현재는 주로 목소리 복제에 초점이 맞춰져 있지만, 향후에는 아티스트의 음악적 스타일, 작곡 패턴, 프로듀싱 기법 등을 더 포괄적으로 학습하고 활용할 수 있는 AI 시스템이 등장할 가능성이 높다. 음악 제작 과정에서 AI와 인간 아티스트 간의 협업이 어디까지 어떤 방향으로 확대될지 지켜볼 일이다.

### 참고문헌

신지환(2021). The Age of AI, Who Got the Copyright of AI's Work?. WIP-NEWS. https://www.wip-news.com/news/articleView.html?idxno=7265

월간 믹싱(2023). "Grimes, 자기 목소리로 만든 AI 보컬 샘플 누구나 쓸 수 있게 공개". https://mixing.co.kr/21546

BEATCURRY. Grimes Breaks Boundaries: Offers 50% Royalties On AI-Generated Music Using Her Voice. https://www.beatcurry.com/grimes-breaks-boundaries-offers-50-royalties-on-ai-generated-music-using-her-voice/

Chasan, A.(2023). Grimes invites artists to use her voice for AI-generated songs, says she'll split royalties. CBS News. https://www.cbsnews.com/news/grimes-ai-music-voice-royalties-artists-copyright/

itv(2023). 'I sound mega': Liam Gallagher responds to 'new Oasis album' made with AI. https://www.itv.com/news/2023-04-20/i-sound-mega-liam-gallagher-responds-to-new-oasis-album-made-with

-ai

Mann, J.(2023). Hundreds of songs using Grimes' AI vocals are on the way. One artist said it's a 'dream come true.'. Business Insider. https://www.businessinsider.com/hundreds-of-songs-using-grimes-ai-vocals-on-way-2023-5

Nolan, B.(2023). Ed Sheeran says he finds AI 'weird' and that we should pay attention to the movies where 'they kill us all'. Business Insider. https://www.businessinsider.com/ed-sheeran-ai-music-warn-tech-chatgpt-generative-ai-2023-8

Pandey, V.(2023). Grimes: "Copyright sucks. Art is a conversation with everyone that's come before us". Mixmag. https://mixmag.net/read/grimes-ims-keynote-ai-artificial-intelligence-international-music-summit-news

Robinson, K.(2023). What An Anonymous Artist Taught Us About The Future Of AI In Music. *Billboard, 135*(16), pp.42~43.

Ross, G.(2023). Grimes launches new software to mimic her voice, offers 50% royalties. Mixmag. https://mixmag.net/read/grimes-software-elftech-mimic-voice-percent-royalties-news

Tencer, D.(2025). Can ai-generated content be copyrighted? Here's what a new report from the us copyright office says…. Music Business Worldwide. https://www.musicbusinessworldwide.com/can-ai-generated-content-be-copyrighted-heres-what-a-new-report-from-the-us-copyright-office-says1/

## 10
## AI 커버 음악에 의한 문화적 전환

AI 커버 음악은 단순한 기술적 현상으로 치부해 버릴 수 없다. 그것은 우리가 음악을 만들고, 공유하고, 감동하는 방식 자체를 바꾸는 문화적 전환점이다. 팬의 프로슈머화는 더욱 촉진되고, 음악 산업은 이미 창작자와 수용자, 기술과 감성이 수평적으로 연결되는 새로운 생태계로 변모하고 있다. 기술과 인간이 어떻게 예술을 함께 만들어 갈 수 있는지에 대한 상상력을 자극하고 있는 것이다.

종교와 AI?

## 초과잉의 음악 시장

현대 음악 시장은 전례 없는 '과잉 생산'의 시대로 접어들었다. 루미네이트(Luminate)의 2023년 통계에 따르면 하루 평균 12만 곡이 넘는 새로운 음악이 디지털 플랫폼에 업로드되고 있다. 음악은 이제 더 이상 희소한 자산이 아니다. 풍부하다 못해 '흘러넘치는' 자원이 되었다. 여기에 AI 생성 음악이 끼어들자, 음악은 가히 '초과잉'의 국면에 접어들었다고 해도 지나치지 않다. 가령 스트리밍 서비스 플랫폼 디퍼(Deezer)만 하더라도 매일 2만 곡 이상의 AI 생성 음악이 등록되고 있다. 불과 3개월 전과 비교해도 두 배 이상 증가한 수치다(Ingham, 2025). AI 커버 음악 전문 유튜브 채널 'Spot-AI-fy'는 개설 1년 반 만에 구독자가 11만5,000명에 달했다(김미경, 2024).

2023년 2억9,400만 달러(약 4,000억 원)로 추산되는 세계 음악 생성 AI 시장 규모는 연평균 28.6%의 놀라운 성장을 기록하며 2032년에는 26억6,000만 달러(약 3조 6,000억 원)에 이를 것으로 전망된다(Shinde, 2024). 이 폭발적인 성장세에 맞춰 글로벌 테크 기업들도 음원 생성 AI 시장 선점을 위한 경쟁에 뛰어들고 있다. 구글은 '뮤직LM(MusicLM)'을, 메타는 '오디오크래프트(AudioCraft)'를, 한국의 포자랩스는 '라이브(LAIVE)'를 선보인 바 있다.

## 프로슈머로서의 팬덤

AI 커버 음악이 가져온 근본적인 변화 중 하나는 팬덤의 위상 변화라고 할 수 있다. 팬들의 참여 양상이 바뀌었다는 얘기다. 주로 음악을 소비하고 아티스트를 지지하는 수동적인 역할에 머물렀던 과거와 달리, 이제 팬들은 AI 도구를 활용해 직접 창작 과정에 참여하는 주체로 진화하고 있다. 자신의 손으로 만들어 낸 창작물을 통해 팬들은 아티스트의 목소리와 감성, 스타일을 더욱 세밀하게 분석하고 이해하고자 한다.

리와 팡(Li & Pang, 2024)은 이러한 변화를 'Human-Community-Machine Interaction(HCMI)'이라는 개념으로 설명한다. 한마디로 이제 기술은 단순한 수단을 넘어, 팬과 아티스트, 그리고 커뮤니티가 함께 예술을 재구성해 나가는 창작의 매개체가 되었다는 얘기다. 다시 말해 음악은 AI라는 기술에 의해 더 이상 완성된 결과물이 아닌 끊임없이 재해석되고 진화하는 '과정 중심의 문화'가 된 것이다.

## 음악의 본질은 여전히 인간이다

AI 기술의 발전은 음악의 본질에 대한 근본적인 질문을 다시 제기한다. 무엇이 '음악적'이며, 어떤 노래가 '인간적'인가? 리와 팡(Li & Pang, 2024)은 AI가 만들어 낸 예술이 진정한 예술로 기능하기 위해선 감정적 공명과 정서적 소속이 전제되어야 한다고 말한다. 기술은 창작의 도구일 뿐, 우리가 음악에서 진정으로 찾는 것은 서사와 공감, 기억과 정체성이다.

AI 시대일수록 '팬과의 정서적 연결'이야말로 콘텐츠의 가치를 결정하는 핵심이다(Cirisano, 2023). 누구나 콘텐츠를 만들 수 있는 시대에는, 얼마나 정교하게 만들었는가보다 그것이 어떻게 공동체와 정서적으로 연결되는가가 더 중요하다. 즉, AI로 만들어진 음악이 아무리 기술이 정교하고 완벽하더라도, 의미와 맥락이 결여된 콘텐츠는 청중과 연결될 수 없다.

팬은 AI 커버 음악을 감상하면서도, 그 속에서 인간 아티스트의 정체성을 찾고자 한다. 기술은 누구나 창작을 가능하게 하지만, 그것이 '감동'을 만들어 내려면 여전히 인간적인 내러티브와 문화적 맥락이 필요하다. 음악은 독백이 아니라 함께 말하는 대화이며, 기술은 이 대화를 확장하고 기록하는 매개체일 뿐이다.

## 음악 문화의 전환점

AI 커버 음악은 단순한 기술 트렌드를 넘어선 문화적 전환점으로 보인다. 창작의 민주화를 실현하고, 팬의 지위를 근본적으로 재정의하며, 공동체 중심 창작 구조를 가시화한다.

다시 말하지만 음악은 감상만으로 완성되지 않는다. '참여', '공감', '기억'으로 완성되는 이야기다. 음악은 독백이 아니라, 함께 말하는 대화이며, 기술은 이 대화를 확장하고 기록하는 도구일 뿐이다. 그리고 그 중심에는, 목소리를 빌려 새로운 감정을 불어넣는 팬의 참여, 공동체의 해석, 인간의 이야기가 있다. 그리고 그 이야기의 주인공은 더 이상 스튜디오 안의 프로듀서나 대형 기획사만이 아니다. 기술을 손에 쥔 팬, 창작에 응답하는 커뮤니티, 그리고 그들과 호흡하는 아티스트가 함께 만들어 가는 복합적 협업 구조가 곧 미래의 음악 생태계가 될 것이다.

우리는 지금, 기술이 예술을 대체하는 시대가 아니라, 인간과 기술, 공동체가 함께 예술을 재구성하는 시대에 서 있다.

## 참고문헌


구글플레이코리아(2024.09.18). "AI 기반 K-POP 앱: 케이팝프로편(Google Play 창구 프로그램 TOP 3 수상작)". https://youtu.be/x-YyYCkZnVc?si=zAwWMi9TISuR1Ksd

김미경(2024.11.9). ""AI 창작물, 합의없는 학습데이터 삭제규제까지 논의해야"". 디지털타임스. https://www.dt.co.kr/contents.html?article_no=2024111202101131044001

유레카(2023). "[키워드리포트] 이제는 익숙한, 세계로 뻗어나간 케이팝 외". 《유레카》, 481, 30~45쪽.

장세민(2024.11.24). "스트라 "K팝 '자체 콘텐츠'에 AI 더빙 도입해 인기"". AI타임스. https://www.aitimes.com/news/articleView.html?idxno=165610

조민수(2025.5.8). "AI가 만든 음악 스트리밍 급증… "모든 신곡의 20%가 AI로 생성돼"". 잇데일리. http://www.itdaily.kr/news/articleView.html?idxno=232777

Alan, C.(2024.10.15). The Rise of Customizable Fan Experiences with AI: Enhancing Fan Engagement. Music Industry Weekly. https://musicindustryweekly.com/rise-of-customizable-fan-experiences-with-ai/

Cirisano, T.(2023.3.22). Why AI music may make fandom even more important. MIDiA Research. https://www.midiaresearch.com/blog/why-ai-music-may-make-fandom-even-more-important

Davis, W.(2024.5.6). Randy Travis gets his voice back in a new

Warner AI music experiment. The Verge. https://www.theverge.com/2024/5/5/24149685/randy-travis-ai-voice-clone-song-where-that-came-from

Ingham, T.(2025.4.16). AI music invasion doubles on Deezer: 20,000 bot-created tracks now uploaded each DAY to streaming platform. Music Business Worldwide. https://www.musicbusinessworldwide.com/ai-music-invasion-doubles-on-deezer-20000-bot-created-each-day-to-streaming-platform/

Li, E. C. & Pang, K.(2024). Fandom meets artificial intelligence: Rethinking participatory culture as human-community-machine interactions. *European Journal of Cultural Studies, 27*(4).

Shinde, Y.(2024.3.4). Generative AI in Music Market Soar to USD 2,660 Million by 2032. Scoop Market.us. https://scoop.market.us/generative-ai-in-music-market-soar-to-usd-2660-million-by-2032/

Zemler, E.(2025.1.31). Randy Travis releases his second ai song 'Horses In Heaven'. Rolling Stone. https://www.rollingstone.com/music/music-country/randy-travis-horses-in-heaven-single-1235252432/

**김선영**

홍익대학교 대학원 문화예술경영학과 교수다. 경희대학교에서 예술경영학 박사학위를 받았다. 예술경영지원센터 대표, 경기콘텐츠진흥원 산업본부장, EBS PD, 한국문화경제학회 회장·편집위원장, 한국지역문화학회 부회장을 역임했다. 주요 저서로 《예술시장 스케치북》(2023), 《4차 산업시대, 예술의 길》(2020), 《예술산업시대의 공연예술 유통》(2018), 《예술로 읽는 4차산업혁명》(2018) 등이 있다. "브랜드 아이덴티티 프리즘 관점의 케이팝 IP 활용 사례 분석: '뉴진스'와 '파워퍼프걸' IP 협업을 중심으로"(2025) 등의 논문을 KCI와 SSCI에 게재했다.

**김기창**

성균관대학교 경영학과 및 성균관대학교 경영전문대학원 Global MBA를 졸업하고, 음악 산업 이해를 위해 호원대학교 실용음악학과에서 학사학위를 추가로 취득했다. 현재 홍익대학교 일반대학원 문화예술경영학과 박사과정 재학 중이다. 신한은행에서 근무했으며, 문화체육관광부 음악저작권신탁단체 한국음악실연자연합회에서 OTT, 쇼트폼 등 뉴미디어 음악 저작권 계약 업무를 수행하고 있다. 연구 분야는 K-팝, 뮤직비즈니스, SNS 콘텐츠로, "디지털 음원과 음악 NFT 유통시장 비교 분석 연구"(2024)를 비롯해 음악 테크, 문화자본 전환, 아이돌 문화, 케이팝 IP 관련 논문을 등재 학술지에 게재했다.

## 백지연

홍익대학교 일반대학원 문화예술경영학과에서 석사학위를 취득하고, 현재 동 대학원 박사과정 재학 중이다. 갤러리 대표이자 기획자로 활동 중이다. 김포, 제주, 전북 등 지역 문화재단과 음악 투자 플랫폼의 연구용역을 비롯해 전시 기획, 연구 사업, 콘텐츠 개발 등 다수의 문화예술 프로젝트를 수행해 왔다. 음악 산업을 비롯해 지역 문화, 문화 예술 경영 전반에 걸쳐 연구를 이어 가고 있으며, 최근에는 인공지능 예술과 국제 교류 전시 기획에 주력하고 있다. 2023년부터 "법정 문화도시의 지속가능성 고찰", "느슨한 공동체에 의한 생활문화 공동체 활성화 사례 연구", "해외 온천 예술관광 사례 연구"를 비롯해 체험 경제, 제3의 공간, 문화유산 관련 논문을 등재 학술지에 게재했다.